Die Auswirkungen der steigenden Zahl Kleiner Anfragen
im Deutschen Bundestag auf die Öffentliche Verwaltung

Simon M. Arnholdt

Die Auswirkungen der steigenden Zahl Kleiner Anfragen im Deutschen Bundestag auf die Öffentliche Verwaltung

Eine Umfrage unter Beschäftigten der Ministerialbürokratie

PETER LANG

Bibliografische Information der Deutschen Nationalbibliothek
Die Deutsche Nationalbibliothek verzeichnet diese Publikation
in der Deutschen Nationalbibliografie; detaillierte bibliografische
Daten sind im Internet über http://dnb.d-nb.de abrufbar.

Gedruckt auf alterungsbeständigem, säurefreiem Papier.
Druck und Bindung: CPI books GmbH, Leck

ISBN 978-3-631-82466-5 (Print)
E-ISBN 978-3-631-83195-3 (E-PDF)
E-ISBN 978-3-631-83196-0 (EPUB)
E-ISBN 978-3-631-83197-7 (MOBI)
DOI 10.3726/b17404

© Peter Lang GmbH
Internationaler Verlag der Wissenschaften
Berlin 2020
Alle Rechte vorbehalten.

Peter Lang – Berlin · Bern · Bruxelles · New York ·
Oxford · Warszawa · Wien

Diese Publikation wurde begutachtet.

www.peterlang.com

Inhaltsverzeichnis

Inhaltsverzeichnis 5

Abbildungsverzeichnis 9

Tabellenverzeichnis 11

Abkürzungsverzeichnis 13

1 Einleitung 15

2 Das parlamentarische Fragerecht 19
  2.1 Parlamentarische Kontrolle der Exekutive 19
  2.2 Fragerechte als Teil der parlamentarischen Kontrolle 21
  2.3 Verfassungsrechtliche Grundlage des Fragerechts 23
  2.4 Grenzen des Informationsanspruchs 24

3 Die Kleine Anfrage 27
  3.1 Voraussetzungen und Verfahren 27
  3.2 Funktion und Motive 31
  3.3 Verwertung und Nutzen 32
  3.4 Wirkung und Kontrollintensität 33

4 Die Verwendung der Kleinen Anfrage im Deutschen
  Bundestag 39
  4.1 Anzahl 39
  4.2 Ressorts 41

4.3 Themenschwerpunkte 43

4.4 Oppositions- und Regierungsfraktionen 45

4.5 Der 19. Deutsche Bundestag 49

4.6 Fristverlängerungen und Beantwortungsdauer 52

4.7 Umfang und Belastung 54

5 Zwischenfazit 57

6 Die Wirkung der Kleinen Anfrage auf die Ministerialbürokratie 59

6.1 Das Verhältnis von Informationsrechten und einer
funktionierenden Verwaltung 59

    6.1.1 Die nicht geringfügige Beeinträchtigung der Funktionsfähigkeit   59

    6.1.2 Arbeitsbelastung, Performanz und Funktionsfähigkeit 61

6.2 Untersuchungsmethode und Analyseverfahren 64

    6.2.1 Vorgehen 64

    6.2.2 Operationalisierung und Fragebogenkonstruktion 66

6.3 Ergebnisse der Befragung 72

    6.3.1 Bearbeitung und Arbeitsbelastung 72

    6.3.2 Auswirkungen und Funktionsfähigkeit 86

    6.3.3 Einstellungen und Praxisverständnis 91

    6.3.4 Reformbedürftigkeit und Reformvorschläge 98

7 Diskussion 103

7.1 Arbeitsbelastung 103

7.2 Auswirkungen und Funktionsfähigkeit 104

7.3 Einstellungen und Praxisverständnis 107

7.4 Reformbedürftigkeit und Reformvorschläge 108

7.5 Einschränkungen 114

8 Fazit 117

9 Literaturverzeichnis 121

10 Index 129

Abbildungsverzeichnis

Abbildung 1   Geschäftsprozess der Kleinen Anfrage 30

Abbildung 2   Kontrollstärke des Instruments „Kleine Anfrage" im
               Zeitverlauf nach Siefken 36

Abbildung 3   Kleine Anfragen pro Tag je Legislaturperiode 40

Abbildung 4   Kleine Anfragen pro Abgeordneten in ausgewählten
               Wahlperioden 41

Abbildung 5   Prozentualer Anteil der der Kleinen Anfragen pro
               Ressort in der 18. WP 42

Abbildung 6   Die drei Ressorts mit den häufigsten Kleinen Anfragen
               in ausgewählten Wahlperioden 42

Abbildung 7   Prozentualer Anteil der vier häufigsten Sachgebiete von
               Kleinen Anfragen 44

Abbildung 8   Absolute Anzahl der gestellten Kleinen Anfragen pro
               Fraktion in der 10. bis 18. WP 46

Abbildung 9   Absolute Zahl der Kleinen Anfragen und Anteil der
               Opposition an Gesamtzahl pro WP 47

Abbildung 10   Zahl der interfraktionellen Kleinen Anfragen nach
               Wahlperiode und Regierungskoalition 48

Abbildung 11   Kleine Anfragen pro Fraktion von der 10. bis 18. WP
               nach Regierungskoalitionen 49

Abbildung 12   Anzahl der gestellten Kleinen Anfragen pro Fraktion in
               der laufenden 19. WP zum 28.08.2019 50

Abbildung 13   Themenschwerpunkte von Kleinen Anfragen der AfD-
               Fraktion in der 19. WP 51

Abbildung 14   Verhältnis von Beschäftigten und Anzahl Kleiner
               Anfragen im Jahr 2018 56

Abbildung 15   Operationalisierung der Variable Arbeitsbelastung 69

Abbildung 16   Geschätzte Anzahl der durchschnittlich zu
               bearbeitenden Kleinen Anfragen pro Monat 73

Abbildung 17   Eingeschätzte benötigte Bearbeitungszeit einer Kleinen
               Anfrage im Durchschnitt 75

Abbildung 18   Ausreichen der 2-Wochen-Frist 75

Abbildung 19   Angemessene Bearbeitungszeit 76

Abbildung 20   Verfügbare reelle Arbeitszeit 77

Abbildung 21   Ausreichen der realen Bearbeitungszeit 77

Abbildung 22   Gesamtbelastung durch Kleine Anfragen 78

Abbildung 23   Geistige Anstrengung bei der Beantwortung Kleiner
                     Anfragen 79
Abbildung 24   Zeitdruck bei der Bearbeitung Kleiner Anfragen 80
Abbildung 25   Leistung bei der Bearbeitung von Kleinen Anfragen 80
Abbildung 26   Anstrengung bei der Bearbeitung von Kleinen Anfragen 81
Abbildung 27   Frustration bei der Bearbeitung von Kleinen Anfragen 81
Abbildung 28   Häufigkeitsverteilung des TLX-Index 82
Abbildung 29   Zeitdruck aufgrund von Unterfragen in einer Kleinen
                     Anfrage 83
Abbildung 30   Sanktionen bei Unzufriedenheit der Abgeordneten 83
Abbildung 31   Mögliche Sanktionen 84
Abbildung 32   Bearbeitungshierarchie von Kleinen Anfragen 84
Abbildung 33   Personeller Einsatz bei der Beantwortung einer Kleinen
                     Anfrage 86
Abbildung 34   Anteil von Laufbahngruppen bzw. deren Äquivalente im
                     Angestelltenverhältnis am Bearbeitungsprozess 87
Abbildung 35   Personelle Auslastung der Referate 88
Abbildung 36   Personalmangel für andere Fachaufgaben 88
Abbildung 37   Zeitmangel für andere Fachaufgaben 89
Abbildung 38   Zurückstellung von anderen Fachaufgaben 89
Abbildung 39   Keine Sicherstellung der ordnungsgemäßen Bearbeitung
                     bei Verzögerung 89
Abbildung 40   Auswirkung der Verzögerung auf Bürgerinnen und Bürger   90
Abbildung 41   Stellung der parlamentarischen Kontrollfunktion im
                     Vergleich mit anderen parlamentarischen Funktionen 92
Abbildung 42   Reichweite von parlamentarischer Kontrolle 92
Abbildung 43   Einschätzung von Kleinen Anfragen und
                     Abgeordnetenverhalten 94
Abbildung 44   Häufigkeit von ähnlichen Kleinen Anfragen 94
Abbildung 45   Einschätzung der Zufriedenheit der Abgeordneten mit
                     der Beantwortung Kleiner Anfragen 95
Abbildung 46   Einstellung gegenüber Kleine Anfragen 97
Abbildung 47   Reformbedürftigkeit des Bearbeitungsverfahren 99
Abbildung 48   Bewertung von Reformvorschläge 99
Abbildung 49   Genannte Reformvorschläge in qualitativen Angaben
                     der Befragten 102

Tabellenverzeichnis

Tabelle 1   Vier Phasen der parlamentarischen Kontrolle und die
            entsprechenden Instrumente nach Steffani 20
Tabelle 2   Typologie formaler Kontrollinstrumente nach Siefken 21
Tabelle 3   Übersicht über die Frageinstrumente 28
Tabelle 4   Funktionen der Kleinen Anfrage 37
Tabelle 5   Beantragte Fristverlängerungen in der 18. Wahlperiode nach
            Ressort zum 19.10.16 53
Tabelle 6   Anzahl der von der Bundesregierung nicht fristgerecht
            beantworteten Kleinen Anfragen im Jahr 2018 53
Tabelle 7   Verständnis von parlamentarischer Kontrolle 91

Abkürzungsverzeichnis

AA	Auswärtiges Amt
BayVerfGH	Verfassungsgerichtshof des Freistaates Bayern
BMAS	Bundesministerium für Arbeit und Soziales
BMBF	Bundesministerium für Bildung und Forschung
BMEL	Bundesministerium für Ernährung und Landwirtschaft
BMF	Bundesministerium der Finanzen
BMFSFJ	Bundesministerium für Frauen, Sport, Familie und Jugend
BMG	Bundesministerium für Gesundheit
BMI	Bundesministerium des Inneren
BMJV	Bundesministerium für Justiz und Verbraucherschutz
BMU	Bundesministerium für Umwelt, Naturschutz und nukleare Sicherheit
BMVg	Bundesministerium der Verteidigung
BMVI	Bundesministerium für Verkehr und digitale Infrastruktur
BMWi	Bundesministerium für Wirtschaft und Energie
BMZ	Bundesministerium für wirtschaftliche Zusammenarbeit und Entwicklung
BT-Drs.	Bundestagsdrucksache
BVerfG	Bundesverfassungsgericht
BVerfGE	Bundesverfassungsgerichtsentscheidung
CDU	Christlich-Demokratische-Union
CSU	Christlich-Soziale-Union
DIP	Dokumentations- und Informationssystem für Parlamentarische Vorgänge
FAZ	Frankfurter Allgemeine Zeitung
GG	Grundgesetz
GGO	Gemeinsamen Geschäftsordnung der Bundesministerien
GO	Geschäftsordnung
GOBT	Geschäftsordnung des Deutschen Bundestages
KA	Kleine Anfrage/n
LTGO BW	Geschäftsordnung des Landtages Baden-Württemberg
LTGO NW	Geschäftsordnung des Landtages Nordrhein-Westfalen
LTGO SN	Geschäftsordnung des Landtages Sachsen
NWVerfGH	Verfassungsgerichtshof des Landes Nordrhein-Westfalen
PDS	Partei des Demokratischen Sozialismus

SaarlVerfGH	Verfassungsgerichtshof des Saarlands
SPD	Sozialdemokratische Partei Deutschlands
TLX	Task-Load-Index
WP	Wahlperiode

1 Einleitung

Die Zahl der Kleinen Anfragen (KA), die die Abgeordneten des Deutschen Bundestages der Regierung stellen, erreicht zur Mitte der 19. Wahlperiode (WP) einen neuen Höhepunkt. Mit 6582 beantworteten KA zum 02.03.2020 (Deutscher Bundestag 2019a, S. 1) wird der vorherige Rekordwert der 18. WP um 2629 überschritten. Anfang 2020 wurden nun bereits 60 Prozent mehr KA gestellt als in der 18. WP (Naumann 2020). Eine Zunahme der Anfragezahlen der KA lässt sich schon seit längerem beobachten (Siefken 2010, S. 23). Während die Zahl der KA kontinuierlich anstieg, wurden in der Öffentlichen Verwaltung allerdings „über die letzten beiden Jahrzehnte" (Berlinger et al. 2016, S. 2) Stellen abgebaut. Mit Zunahme der Anfragezahlen ging und geht die Diskussion um die Auswirkungen für die Ministerialbürokratie einher. In der Tat ist die Debatte über die Arbeitsbelastung durch parlamentarische Anfragen nicht neu. Bereits im Reichstag der Weimarer Republik wurde ein Ausschuss eingesetzt, der sich mit einer Parlamentsreform beschäftigen sollte (Witte-Wegmann 1972, S. 30–31), nicht zuletzt aufgrund der „Tatsache, daß [sic!] durch Überhandnehmen der Interpellationen und Kleinen Anfragen die Regierungs- und Parlamentsarbeit erheblich gehemmt wurde" (ebd., S. 31). So sah sich der Ausschuss gezwungen, die Voraussetzungen für eine KA zu erhöhen, in der Hoffnung, den Gebrauch der KA einzuschränken (ebd., S. 149).[1] Auch in der neueren Geschichte des Bundestages sind kritische Stimmen, sowohl aus dem Parlament als auch aus der Verwaltung, vorhanden. So warnte der damalige Bundestagspräsident Philipp Jenninger in der letzten regulären Sitzung der 10. WP vor dem großen Anstieg der Drucksachen, insbesondere der Großen und Kleinen Anfragen (Plenarprotokoll 10/256, S. 20068–20069) und in der darauffolgenden 11. WP werden Klagen aus der Verwaltung folgendermaßen beschrieben:

> *„Die Vertreter der Bundesregierung [...] beschweren sich über die Flut parlamentarischer Anfragen. Ganze Arbeitseinheiten in den Ministerien, viele hochqualifizierte Mitarbeiter, seien mit nichts anderem beschäftigt, als Fragen des Parlaments zu beantworten. Damit seien Teilbereiche dieser Ministerien praktisch lahmgelegt und für wichtige*

---

1 Konnte vor der Geschäftsordnungsänderung jeder Abgeordnete eine KA stellen, die zudem noch mündlich im Plenum zu beantworten war, musste eine Kleine Anfrage nun von mindestens 15 Abgeordneten unterstützt werden. Außerdem war nur noch eine schriftliche Beantwortung vorgesehen. Dies führte in der Praxis tatsächlich zu einem starken Rückgang der KA (Witte-Wegmann 1972, S. 31–32).

Gesetzgebungsarbeiten, für die sie vordringlich benötigt würden, nicht mehr einzusetzen."
(Vogelgesang 1988, S. 5).

Die fortbestehende Relevanz der Problematik zeigt sich nicht zuletzt auch an einem aktuellen Brief des Bundeskanzleramtes an alle Fraktionen im Frühjahr dieses Jahres. In diesem Schreiben wird auf die hohe Zahl der KA in der 19. WP Bezug genommen, mit der Bitte, im Einvernehmen mit allen Beteiligten zu einer „tragfähigen Übereinkunft" zu kommen, „die auch eine Reduktion des Frageaufkommens einschließen sollte" (Naumann 2020).

Neben diesen Beispielen aus der Praxis, hebt die Forschungsliteratur ebenfalls hervor, dass KA einen hohen Arbeitsaufwand in der Ministerialverwaltung auslösen können (Gabriel und Holtmann 2005, S. 203; Kepplinger 2007, S. 317). Es wird gar vor „inflationäre[m] Gebrauch" (Schiebe 2016, S. 79) und allzu „expansive[m]" Einsatz (Siefken 2010, S. 35) gewarnt. In der Tat scheint die Behauptung, KA würden eine nicht zu vernachlässigende, hohe Arbeitsbelastung in den Ministerien auslösen, wenig überraschend. Bisherige Arbeiten zu KA konzentrieren sich allerdings vor allem auf die Funktion der KA in der Parlamentspraxis und auf ihre Kontrollintensität (Siefken 2018a; Hünermund 2018; Witte-Wegmann 1972; Stadler 1984) oder beschränken sich auf die Darlegung der rechtswissenschaftlichen Voraussetzungen und Grenzen (Wolf 2017; Hölscheidt 1992). Vergleichende (internationale) Arbeiten sehen die KA als Aspekt des Frageverfahrens (Harfst und Schnapp 2003; Rozenberg und Martin 2011). In der deutschen Forschungsliteratur werden KA als Teil des Fragerechtes unter dem Aspekt der parlamentarischen Kontrolle von Regierungs- und Verwaltungshandeln behandelt (Hünermund 2018, S. 457). Konkrete Untersuchungen auf breiterer Grundlage zu Dynamiken, Ursachen und Auswirkungen der Arbeitsbelastung durch die hohe Zahl an KA fehlen allerdings. So ist in den wissenschaftlichen Arbeiten, die sich mit dem Thema beschäftigen, zwar sehr wohl bereits auf die Arbeitsbelastung durch Frageinstrumente hingewiesen worden, die unter Umständen die Verwaltung lahmlegen könnte (Gabriel und Holtmann 2005, S. 203), eine Diskussion in Verwaltungswissenschaft und vor allem Verwaltungspraxis findet aber kaum statt. In der rechtswissenschaftlichen Literatur wird lediglich am Rande diskutiert, ob bzw. wann die Arbeitsbelastung die Ablehnung einer Beantwortung rechtfertigt (Brenner 2009; Lennartz und Kiefer 2006).

Aus politikwissenschaftlicher Sicht nimmt Siefken (2010) die Klagen der Verwaltungspraktiker auf und untersucht Funktionen und Wirkung der KA mit dem Ziel, zu prüfen, ob KA „störende Symbolpolitik" (ebd., S. 20) darstellen oder „kraftvolles Kontrollinstrument" (ebd.) seien. Er beschreibt negative

Auswirkungen der gestiegenen Zahlen auf Bearbeitungszeit und -qualität, geht aber nicht näher auf die Auswirkungen auf die Funktionsfähigkeit ein und verwirft gar die Frage nach einer potenziellen Lähmung der Verwaltung unter Verweis auf die Schwierigkeit der Prüfung. Gleichzeitig vermutet er, dass der Anstieg zu Verschärfungen im Anfragerecht führen könnte und erwartet eine Diskussion um die „Budgetierung" (ebd., S. 35) von KA. Wohl aufgrund der ausgebliebenen Diskussion formuliert Siefken in einer neueren Publikation acht Jahre später nochmals explizit einen Forschungsbedarf bezüglich der Frage nach der Begrenzung von KA (ebd. 2018, S. 429). Von anderer Seite wird ebenfalls Forschungsbedarf gesehen, wenngleich mit etwas anderem Fokus. So schreibt Kepplinger am Ende einer Arbeit, die sich mit der Motivation der Abgeordneten hinter KA beschäftigt:

> *„Zu überprüfen wäre, ob und in welchem Ausmaß die Beantwortung von Kleinen Anfragen die Ministerialbürokratie trotz der erwähnten Ausweitung von sachlich möglicherweise bedeutsameren Aktivitäten abhält." (2009, S. 112).*

An diese Forschungsfragen will dieses Buch anschließen. Und auch in der Befragung dieser Arbeit stößt das Forschungsinteresse auf positive Rückmeldungen, die das Ausmaß und die Dringlichkeit des Diskussionsbedarfs zeigen:

> *„Ich begrüße diese Untersuchung sehr! Seit Jahren plagen sich alle Beteiligten in den Ministerien mit dem ausufernden Fragewesen".*

Diese Perspektive der Mitarbeiterinnen und Mitarbeiter in der Ministerialverwaltung wird in der öffentlichen Diskussion kaum wahrgenommen. Es wird zumeist nur aus dem Blickwinkel der Abgeordneten Kritik an der Bearbeitung durch die Verwaltung geübt (z.B. FOCUS Online 2019; Spiegel Online 2016b, 2015). Dies liegt vermutlich auch daran, dass sich die Beschäftigten in der Öffentlichen Verwaltung nicht öffentlich äußern (wollen), um sich nicht dem Vorwurf aussetzen zu müssen, sie würden das Fragerecht der Abgeordneten in Frage stellen. Die Abgeordneten können ihr Fragerecht daher sehr selbstbewusst einsetzen. Eine ausgeglichene Diskussion ist so nicht möglich. Deshalb sieht sich diese Arbeit auch als Impulsgeber, um die Diskussion anzustoßen. Die diffusen und eher unstrukturierten Beschwerden aus der Verwaltung (Siefken 2010, S. 20) sollen auf eine wissenschaftliche Grundlage gestellt werden, um abschätzen zu können, ob die Klagen auf ein größeres Problem hinweisen. Eingedenk des gerade erläuterten Diskussions- und Forschungsbedarfs ist es Ziel dieser Arbeit, ein vollständiges Bild der Auswirkungen der aktuellen Zahl von KA auf den Arbeitsalltag und die Arbeitsbelastung der Beschäftigten in der Ministerialverwaltung zu gewinnen. Besonderes Augenmerk liegt dabei auf der Funktionsfähigkeit und

Performanz der Ministerialverwaltung sowie der dadurch geprägten Einstellung und dem Praxisverständnis der Beschäftigten gegenüber parlamentarischer Kontrolle im Allgemeinen und KA im Besonderen. Im Anschluss können dann, basierend auf den Ergebnissen dieser Arbeit, Reformvorschläge diskutiert werden.

Hierfür wird zunächst im Theorieteil das parlamentarische Fragrecht im Kontext der parlamentarischen Kontrollfunktion beleuchtet und auf verfassungsrechtliche Grundlagen eingegangen. Darauffolgend werden die rechtlichen Voraussetzungen der KA besprochen und die „Soziologie" der KA aus der bestehenden Forschungsliteratur rezipiert. Im Anschluss erfolgt die Teilung des Buches in zwei inhaltliche Teile. Im ersten Teil wird die Verwendung der KA im Bundestag beleuchtet. Dazu wird die Parlamentsstatistik analysiert und ausgewählte Charakteristika des Frageverhaltens der Abgeordneten dargestellt und diskutiert. Ferner wird versucht die Belastung der Ministerien anhand objektiver Zahlen einzuschätzen. Ein kurzes Zwischenfazit fasst den Gebrauch der KA zusammen, bevor nach dem objektiven Blick der zweite Teil, die Auswirkung auf die Öffentliche Verwaltung, folgt. An dieser Stelle werden die subjektiven Auswirkungen auf die Beschäftigten und auf die Funktionsfähigkeit der Verwaltung untersucht. Hierzu werden theoretische Überlegungen zu Auswirkung der Arbeitsbelastung im Allgemeinen und in der Ministerialverwaltung im Besonderen angestellt. In den nachfolgenden Kapiteln wird das Vorgehen der Untersuchung spezifiziert und die Operationalisierung sowie die Fragebogenkonstruktion thematisiert. Nach der Darstellung der Ergebnisse erfolgt die Diskussion der zentralen Aussagen und die Beantwortung der Forschungsfrage. Außerdem werden ausgehend von den Ergebnissen der Untersuchung Reformvorschläge erarbeitet und bewertet, bevor in einem Fazit die wichtigsten Ergebnisse zusammengefasst werden.

2 Das parlamentarische Fragerecht

2.1 Parlamentarische Kontrolle der Exekutive

Da die KA ein Instrument des Fragerechtes darstellen, muss zunächst näher auf die Informations- und Auskunftsrechte, sowohl im größeren Kontext der parlamentarischen Kontrolle als auch im Kontext ihrer verfassungsrechtlichen Legitimation, eingegangen werden.

Die Kontrollfunktion der Legislative gegenüber der Exekutive zählt zu den grundlegenden Funktionen des Deutschen Bundestages. Im demokratischen Rechtsstaat muss jede Ausübung von Gewalt verantwortet werden. Dies geschieht durch gegenseitige Kontrolle[2], welche sich aus dem Prinzip der Gewaltenteilung ergibt (Busch 1991, S. 9–10). Im Sinne der Gewaltenteilung und -verschränkung muss die Legislative die Exekutive überwachen können (Berger 2014, S. 5). Eine wirksame Kontrolle ist hierbei nur durch „Information und Informiertheit des Parlaments" (Einem 1977, S. 108) möglich, zum einen als „Voraussetzung parlamentarischer Kontrolle" (Busch 1991, S. 30), aber zum anderen auch als Selbstzweck, denn „Information ist Kontrolle" (Berger 2014, S. 51). Dabei existiert mitnichten ein Gleichgewicht zwischen Parlament und Regierung, vielmehr besitzt die Exekutive einen Informationsvorsprung gegenüber dem Parlament (ebd., S. 37). Die einzelnen Abgeordneten „sehen sich einem Verwaltungsapparat gegenüber, der […] [sich auf] eine umfangreiche wissenschaftliche Beratungskapazität und kontinuierliche Informationskontakte zu Vollzugsbürokratie und Verbandsexperten [stützt]" (Ismayr 2012, S. 294).

Diesem grundsätzlichen Missverhältnis Rechnung tragend, stehen den Abgeordneten im Deutschen Bundestag eine Vielzahl an formalen Kontrollinstrumenten zur Verfügung. Nicht alle sind jedoch auf Informationsgewinnung ausgerichtet. Es lassen sich im parlamentarischen Ablauf vier Phasen der parlamentarischen Kontrolle ausmachen: Informationsgewinnung, Informationsverarbeitung, -Informationsbewertung und politische Stellungnahme (Steffani 1989, S. 1328 ff.). Die gewonnenen Informationen werden in der ersten Phase gesammelt und in der zweiten Phase verarbeitet und ausgewertet. Die ausgewerteten Informationen werden nach sachlichen und politischen Gesichtspunkten bewertet und zu einer abschließenden Stellungnahme genutzt. Dabei bilden die

---

2 Für eine umfassende Übersicht der inhaltlichen und semantischen Unterschiede verschiedener Kontrollbegriffe siehe Siefken 2018a, S. 27 ff.

Phase	Instrumente
Informationsgewinnung	Kleine und Große Anfragen, Fragestunden, Zitieren von Ministern; Untersuchungsausschuss
Informationsverarbeitung	Wehrbeauftragte, Enquete-Kommissionen
Informationsbewertung	Plenardebatten, Beratungen, Pressemitteilungen
Stellungnahme	Anträge, Misstrauensvotum

Tabelle 1 Vier Phasen der parlamentarischen Kontrolle und die entsprechenden Instrumente nach Steffani

Quelle: Eigene Darstellung in Anlehnung an Steffani 1989, S. 1328–1330.

vier Phasen eine „Einheit des Kontrollprozesses" (ebd., S. 1330). Verschiedene Instrumente können von den Parlamentariern zu den verschiedenen Phasen genutzt werden, wie in Tabelle 1 zu sehen.

KA gehören hier mit den anderen Frageinstrumenten in die erste Phase der Informationsgewinnung. Steffani unterscheidet die parlamentarische Kontrolle weiterhin hinsichtlich einer zeitlichen Dimension (ex post, ex ante und begleitend) sowie nach den Sanktionsmöglichkeiten (mittelbar über Öffentlichkeit und unmittelbar) und nach der Verbindlichkeit (ebd., S. 1326–1327).

Siefken (2013, S. 60–70) unternimmt einen weiteren Versuch der Klassifizierung und unterscheidet vier Dimensionen von parlamentarischer Kontrolle, in der er die Instrumente anhand ihrer zeitlichen Dimension einordnet: Mitsteuerung, Management, Oversight und Checks (s. Tabelle 2). Mitsteuerung als Teil der parlamentarischen Kontrolle ist vor der zu kontrollierenden Handlung angesetzt. Das Parlament nimmt hier eine aktivere Rolle ein. Kontrolle wird hier durch Mitwirkung hergestellt. Klassische Instrumente sind das Gesetzgebungsverfahren (Busch 1991, S. 37ff.) und das Budgetrecht, aber auch das konstruktive Misstrauensvotum bzw. parlamentarische Delegation im Allgemeinen, welche durch die Auswahl der Leitungsebene Teil der Mitsteuerung ist (Siefken 2018a, S. 110–111).

Unter Management werden Kontrollinstrumente gefasst, die im Zuge der New-Public-Management Reform Einzug gefunden haben. Betriebswirtschaftliche Instrumente wie Zielvereinbarungen oder Controllingverfahren werden allerdings kaum in Deutschland benutzt. Aber auch die Entsendung von Parlamentarier in Aufsichts- und Beratergremien ist Teil dieser Managementperspektive auf parlamentarische Kontrolle (ebd. S. 110, 134ff.).

Dimension	Mitsteuerung	Management	Oversight	Checks
Instrumente	Konstruktives Misstrauensvotum		Fragerechte	Untersuchungsausschüsse
	Budgetrecht	Aufsichtsgremien	Regierungsbefragung	Petitionsverfahren
	Gesetzgebung	Controlling	Aktuelle Stunde	Wehrbeauftragter
	Delegation		Anhörungen	Rechnungshof
	Enquete-Kommission		Kontrollgremien	
Zeitliche Perspektive	ex-ante	begleitend	begleitend	ex-post

Tabelle 2 Typologie formaler Kontrollinstrumente nach Siefken
Quelle: Eigene Darstellung in Anlehnung an Siefken 2018a, S. 109, Abb. 12.

In der Oversight-Dimension lassen sich die klassischen Instrumente der begleitenden Kontrolle fassen. Hier wird Kontrolle durch die Überwachung von „fremden Amtsführung" (ebd., S. 110) durchgeführt. Instrumente sind die Frage- und Auskunftsverfahren wie Anfragen, Befragungen der Bundesregierung, Anhörungen oder Vorladungen vor Kontrollgremien, die *ex-ante* oder belgleitend zum Einsatz kommen können.

Schließlich wird mit Checks eine *ex-post*-Kontrolle durchgeführt, also die Überprüfung nach der ausgeführten Tätigkeit. Hierzu zählt die Arbeit von Untersuchungsausschüssen, des Wehrbeauftragten oder der Rechnungshöfe (ebd.).

2.2 Fragerechte als Teil der parlamentarischen Kontrolle

Nach der Verortung des Fragerechts in den gesamten Prozess der parlamentarischen Kontrolle, wird nun genauer auf dieses Kontrollrecht eingegangen, da KA Teil der Fragerechte des Bundestages sind. Das Interpellationsrecht, also die Befugnis „parlamentarische Anfragen an die Regierung zu richten" (Brenner 2009, S. 16), seit 1951 auch Fragerecht genannt (Hölscheidt 1992, S. 13), wurde in der Geschäftsordnungsänderung im Jahr 1912 um die KA erweitert und so auch in die Geschäftsordnung des Deutschen Bundestages (GOBT) übernommen (Witte-Wegmann 1972, S. 15ff.). Nach mehreren Reformen stehen dem Deutschen Bundestag und seinen Abgeordneten heute vier formale Frageinstrumente zur Verfügung: neben der Großen und Kleinen Anfrage, die Schriftliche Anfrage und die Mündliche Anfrage. Diese Instrumente sind in der GOBT explizit als Minderheitenrechte ausgestaltet (Einem 1977, S. 84). Dies trägt dem Umstand Rechnung, dass in der politischen Realität der zuvor postulierte theoretische Dualismus zwischen Parlament und Regierung so nicht vorzufinden ist. Die Kontrollfunktion des Parlaments ist in der Wirklichkeit auf die Opposition übergegangen. Die Ursache des „neuen Dualismus" (Morscher 1973, S. 221) zwischen Opposition und Regierung sowie Regierungsfraktion(en) ist der Umstand, dass im parlamentarischen Regierungssystem die Regierung dauerhaft auf die Parlamentsmehrheit angewiesen ist, aus der sich regelmäßig auch Regierungsmitglieder rekrutieren und die durch dieselbe Parteimitgliedschaft nach außen eine Einheit bilden und als Einheit wahrgenommen werden (ebd., S. 219–220). Daher sind diese bemüht, keine öffentliche Kritik an der Regierung zu üben. Dies bedeutet nicht, dass die Abgeordneten der Regierungsfraktion(en) keine Kontrolle ausüben. Sie nutzen vielmehr informelle Kontrollmöglichkeiten, beispielsweise über besseren und schnelleren Zugang zu Information durch Sitzungen oder (parteipolitische) Kontakte, frühzeitigere Einbindung und Koordinierung bei der Gesetzgebung, stets mit dem latenten Drohszenario einer potentiellen Stimmverweigerung bei Regierungsvorhaben (Schwarzmeier 2001, S. 109 ff.).

Diese informellen Wege der Informationsbeschaffung stehen den Oppositionsfraktionen in diesem Ausmaß nicht zur Verfügung. Die Opposition ist somit, um ihrem Auftrag der Regierungskontrolle nachzukommen und um das Informationsdefizit gegenüber der Regierung auszugleichen, primär auf formale Kontrollinstrumente wie Kleine und Große Anfragen beschränkt (Schiebe 2016, S. 27). Ihre Kontrolle erfolgt damit öffentlich (Cancik 2017, S. 517). Dies entspricht auch der Logik einer Opposition, die auch auf Herstellung von Öffentlichkeit angewiesen ist, um dem Elektorat Handlungsalternativen aufzuzeigen (Steffani 1989, S. 1328).

Zusammenfassend kann also festgehalten werden, dass das Fragerecht ein Teil der parlamentarischen Kontrolle darstellt. Es dient dazu, die Abgeordneten, durch verpflichtende Informationsgesuche, in die Lage zu versetzen, ihrem verfassungsmäßigen Auftrag der Regierungskontrolle nachzukommen. Dabei ist vor allem die Opposition ein regelmäßiger Nutzer dieses formalen Kontrollrechts, da informale Wege der Informationsgewinnung ihr nicht offenstehen.

Kontrolle durch das Fragerecht kann *ex-ante*, aber auch begleitend stattfinden, also vor oder während der Regierungstätigkeit.

Nach Einbettung des Fragerechts in den Kontext der parlamentarischen Kontrolle werden im nachfolgenden Unterkapitel die verfassungsrechtlichen Grundlagen des Fragerechts erörtert, um in der späteren theoretischen Abwägung zwischen Fragerecht und den Auswirkungen des Gebrauchs von KA den verfassungsrechtlichen Hintergrund und Stellenwert bewerten und seine Grenzen abwägen zu können.

2.3 Verfassungsrechtliche Grundlage des Fragerechts

Es existiert keine explizite Verankerung des Fragerechts im Grundgesetz (GG), vielmehr wird es aus verschiedenen Verfassungsgrundsätzen abgeleitet. In der früheren rechtswissenschaftlichen Diskussion wurde hier zumeist das Zitierrecht in Art. 43 I GG herangezogen. Demnach kann der Bundestag die Anwesenheit von Regierungsmitgliedern verpflichtend anordnen. Da eine reine Anwesenheit der Regierungsmitglieder ohne Antwortpflicht dem Sinn dieses Verfassungsartikels entgegenlaufen würde, ergebe sich aus diesem Verfassungsartikel auch eine Antwortpflicht der Regierungsmitglieder (Hölscheidt 1992, S. 24). Das Fragerecht wird dann als Konkretisierung des Zitierrechts angesehen (Vonderbeck 1981, S. 20–21). Allerdings gilt die Herleitung aus dem Zitierrecht als nicht mehr überzeugend (Ismayr 2012, S. 453; Vogelgesang 1988, S. 7), da Zitier- und Fragerecht unterschiedlich ausgestaltet sind. Adressaten des Zitierrechts sind einzelne Regierungsmitglieder, wohingegen das Fragerecht an das Verfassungsorgan Bundesregierung gerichtet ist. Außerdem sind Fragerechte Minderheitenrechte, das Zitierrecht aber nur mit einer Mehrheit einsetzbar (Hölscheidt 1992, S. 19–20). Mittlerweile wird das Fragerecht aus dem freien Mandat der Abgeordneten in Art. 38 I 2 in Verbindung mit dem Demokratieprinzip aus Art. 20 II 2 GG abgeleitet. Das freie Mandat garantiert laut BVerfG ein Rederecht der Abgeordneten (BVerfGE 10, S. 4, 12). In der parlamentarischen Demokratie gehöre zu diesem Rederecht auch die Erfragung von Informationen, da die Möglichkeit bestehen müsse, die Kontrolle der Legislative über die Exekutive sicherzustellen. Es ist daher notwendig, die hierfür benötigten und erforderlichen Informationen zu erfragen (Hölscheidt 1992, S. 19).

Eine mit dem Fragerecht korrespondierende Antwortpflicht der Bundesregierung lässt sich ebenfalls herleiten. Ein Fragerecht der Abgeordneten würde ins Leere laufen, gebe es keine Antwortpflicht der Regierung. Die Abgeordneten könnten ihrem Auftrag der Regierungskontrolle in der parlamentarischen Demokratie (BVerfGE 67, S. 100, 130) nicht nachkommen. Es gibt ebenfalls

Überlegungen, die Antwortpflicht aus der Verfassungsorgantreue abzuleiten. Aus dem aus der Organtreue abgeleiteten Loyalitätsgebot zwischen den Verfassungsorganen ergebe sich die Antwortpflicht dann als eine „Kooperationspflicht" (Hölscheidt 1992, S. 25) der Bundesregierung gegenüber dem Parlament.

Das Fehlen eines konkreten Verfassungsartikels und die bloße Ausgestaltung des Fragerechts in der Geschäftsordnung sind für einige Autoren Gründe, eine Antwortpflicht der Regierung zu verneinen. Das Fragerecht als „autonomes Parlamentsrecht" (ebd., S. 26) könne nämlich nur den Bundestag, nicht aber andere Verfassungsorgane binden (Witte-Wegmann 1972, S. 82). Vom BVerfG ist aber wiederholt festgestellt worden, dass eine solche Pflicht existiert.[3] Neben der dogmatischen Herleitung und den höchstrichterlichen Urteilen geht die Bundesregierung im Übrigen in ihrem Praxisverständnis längst davon aus, dass es ihr nicht selbst überlassen ist, ob sie auf eine parlamentarische Anfrage zu antworten hat und erkennt das Fragerecht des Bundestages an (BT-Drks. 11/3806, S. 2).

Die tatsächliche Gründlichkeit der Antwort auf parlamentarische Anfragen kann nur schwer überprüft werden. Sie ist in der Regel aber „sorgfältig und erschöpfend" (Schäfer 1982, S. 235). Die Ministerialverwaltung sei „um eine befriedigende Antwort bemüht, durch die nicht mehr gesagt werden muss, als gesagt werden muss" (ebd.). Ähnlich formuliert es Wolfgang Seibel in einem Zeitungsinterview: „Aber es ist nicht unbedingt der Ehrgeiz der Ministerien, Anfragen mit Eifer zu bearbeiten und die eigene Verwaltung unter Umständen schlecht aussehen zu lassen" (Seibel zit. in Dierolf 2017). Regelmäßig wird daher die Qualität der Antworten von Seiten der Opposition kritisiert.

2.4 Grenzen des Informationsanspruchs

Vor allem auch in Hinblick auf eine erneute Stärkung des Fragerechts durch ein Urteil des BVerfG im Jahr 2017 (BVerfGE 147, S. 50), in dem explizit die demokratische Legitimationsfunktion des Fragerechts in der parlamentarischen Demokratie betont wird, kann dem Fragerecht eine starke Stellung attestiert werden (Konfitin 2017, S. 1ff.). Der Informationsanspruch gilt allerdings nicht uneingeschränkt. Zunächst kann eine Antwortpflicht nur in jenen Bereichen existieren, für die die Regierung Verantwortung trägt. Dabei ist ihr mittelbarer und unmittelbarer Verantwortungsbereich recht groß gefasst. Dieser darf jedoch nicht mit Zuständigkeit gleichgesetzt werden. Vielmehr umfasst

---

3   BVerfGE 13, S. 123, 125; 80, S. 188, 218; 105, S. 252, 270; 110, S. 199, 215. Und in neuerer Rechtsprechung: BVerfG Urteil vom 01.07.09, 2 BvE 5/06, Rn. 123; Urteil vom 07.11.17, 2 BvE 2/11, Rn. 195.

der Verantwortungsbereich „alles, worauf sie [die Bundesregierung, Anm. d. Autors] direkt oder indirekt – etwa im Zusammenwirkung mit den Bundesländern [...] – Einfluß [sic!] nehmen kann" (Hölscheidt 1992, S. 31–32). Weiter besteht Verantwortlichkeit nur für Bereiche, die in Bundeszuständigkeit fallen. Für rechtlich, personell oder finanziell unabhängige Einrichtungen ist die Regierung nicht verantwortlich (ebd., S. 32). Jedoch wird vom BVerfG auch die Antwortpflicht im Bereich der unternehmerischen Tätigkeiten der Regierung, also im Falle privatrechtliche Unternehmen mit mehrheitlich oder vollständiger Bundesbeteiligung sowie staatlicher Banken bejaht (Konfitin 2017, S. 1). Doch auch wenn Informationen in diesem Bereich liegen, müssen sie nicht immer preisgegeben werden. In der Verfassungsrechtsprechung wird der Regierung ein „Kernbereich exekutiven Eigenverantwortung" (Wissenschaftliche Dienste des Deutschen Bundestages 2006, S. 3) zugesprochen, in dem nicht zu beobachtende Entscheidungs- und Willensfindungsprozess stattfinden. Hierzu gehören insbesondere Diskussionen im Kabinett, Vorbereitung von Ressorts- oder Kabinettsentscheidungen, ressortinterne und -externe Abstimmungsprozesse und noch nicht abgeschlossene bzw. sich noch in Beratung befindliche Verträge (BVerfGE 137, S. 185, 234ff.). Die Grundlage hierfür ist das Gewaltenteilungsprinzip (Wolf 2017, S. 63–66).

Grundrechte Dritter stellen eine weitere Schranke des Informationsrechts dar. Wenn durch die Veröffentlichung von Informationen die Schutzwürdigkeit Dritter verletzt wird, dürfen diese nicht veröffentlicht werden. Insbesondere das Recht auf informationelle Selbstbestimmung als Teil des Allgemeinen Persönlichkeitsrecht steht hier dem Informationsanspruch entgegen (ebd., S. 47).

Informationen oder Vorgänge, die als Verschlusssache eingestuft worden sind, deren Veröffentlichung also eine Gefährdung des Staatswohls darstellt, sind ebenfalls vom Informationsrecht ausgenommen (ebd., S. 58–60).

Ferner existieren noch einige zu beachtende Ge- und Verbote. Zum einen das Sachlichkeitsgebot, wonach KA keine „unsachlichen Feststellungen oder Wertungen enthalten" dürfen (vgl. §104 I 2 GOBT). Unsachlich bedeutet in diesem Zusammenhang ein Verbot von „beleidigenden, polemischen, aggressiven und durch die Sache nicht gerechtfertigten Formulierungen" (Hölscheidt 1992, S. 85). Zum anderen existiert ein Missbrauchsverbot der Fragetätigkeit (BVerfGE 30, S. 1, 31; 70, S. 324, 365). Missbrauch könnte zum Beispiel das Stellen mehrerer gleichlautenden Fragen sein. Anfragen aus anderen Landtagen einzubringen stellt dagegen keinen Missbrauch dar, ebenso wenig wie Anfragen, die nach bereits öffentlichen Informationen verlangen (Hölscheidt 1992, S. 37).

Der Informationsanspruch des Fragerechts ist somit, vor allem auch durch Urteile des BVerfG, die aufgrund konkreter Klagen der Abgeordneten über die

Antwortpraxis der Bundesregierung entstanden sind, recht groß gefasst. Die Pflicht zur Beantwortung kann als umfassend bezeichnet werden und anderslautende Auffassungen verworfen werden. Einschränkungen, die sich aus anerkannten Grenzen ergeben, sind dabei durchaus möglich, müssen allerdings immer im Einzelfall begründet werden.

Nach dem Fragerecht als Teil der parlamentarischen Kontrolle wird nun die KA als Teil des parlamentarischen Fragerechts beleuchtet und, neben rechtlichen und formalen Eigenschaften, vor allem auf Funktion, Wirkung und Nutzen eingegangen, da das Forschungsobjekt dieser Arbeit die KA ist.

3 Die Kleine Anfrage

3.1 Voraussetzungen und Verfahren

Die Frageinstrumente sind in den Paragraphen 100 bis 106 der GOBT nieder-gelegt. Ein kurzer Vergleich der KA mit den anderen drei Frageinstrumenten in Tabelle 3 soll einen Überblick verschaffen. Der Hauptunterschied von KA und Großer Anfrage liegt vor allem in der unterschiedlichen Bearbeitungszeit[4] und der Behandlung von Großen Anfragen im Plenum. Schriftliche und mündliche Anfragen sind im Gegensatz dazu von einzelnen Abgeordneten zu stellen und in ihrer Anzahl begrenzt. Schriftliche Anfragen werden veröffentlicht, mündliche in den Fragestunden gestellt.

Eine KA ist von mindestens 5% der Abgeordneten oder einer Fraktion zu stellen (vgl. §104 GOBT und §75 III i.V.m. 76 I GOBT). Laut der GOBT ist das Fragerecht der KA ein Fraktionsrecht. In der Praxis hat sich dieses jedoch zu einem Individualrecht jedes Fraktionsmitglieds entwickelt (Siefken 2018a, S. 156), da diese Voraussetzung mit der Unterschrift eines Fraktionsvorsitzenden als erfüllt angesehen wird (Hölscheidt 1992, S. 72, 83).

Nach §104 Satz 1 GOBT muss die KA inhaltlich auf einen bestimmten Bereich beschränkt sein. Es kann anfangs eine Begründung eingefügt werden. Hölscheidt nimmt an, dass für KA die gleichen Anforderungen an Kürze und Bestimmtheit gestellt werden wie bei Großen Anfragen (1992, S. 49). Kürze als unbestimmter Rechtsbegriff ist schwierig zu fassen. Versuche, durch Begrenzungen Anfragen „kurz" zu halten, scheitern an einem einfache Trick: Die Abgeordneten teilen ihre Fragen schlicht auf mehrere Anfragen auf.[5] Ein großer Umfang dürfte dann gerechtfertigt sein, wenn das Thema brisant, aktuell und komplex ist (ebd., S. 50). Eine Anfrage gilt dann als bestimmt, wenn sie aus sich heraus verständlich ist (Geck 1986, zit. in: Hölscheidt 1992, S. 50). KA werden nach geltender Rechtslage allerdings nicht in ihrer Länge, etwa nach Fragen- oder Seitenzahl, begrenzt. So kann eine KA unter Umständen etliche Einzelfragen enthalten.[6]

---

4 Die Bearbeitungszeit von Großen Anfragen liegt zunächst nach §101 GOBT im Ermessen der Bundesregierung. Lehnt sie die Bearbeitung allerdings ganz oder für die nächsten drei Wochen ab, kann die Große Anfrage zur Beratung auf die Tagesordnung im Bundestag gesetzt werden (vgl. §102 GOBT).

5 Siehe z.B. BT-Drks. 10/4025 und BT-Drks. 10/4026 mit beinahe gleichem Titel.

6 Siehe zum Beispiel BT-Drs. 16/13037 mit 139 Einzelfragen.

Anfrageart	Quorum	Anzahl	Bearbeitungszeit	Debatte
Kleine Anfragen	Fraktion o. 5%	Unbegrenzt	2 Wochen	Nein, Veröffentlichung als Drucksache
Große Anfragen	Fraktion o. 5%	Unbegrenzt	3 Wochen	Im Plenum möglich
Schriftliche Anfragen	Ein/-e Abgeordnete/-r	4 im Monat	1 Woche	Nein, Veröffentlichung als Drucksache
Mündliche Anfragen	Ein/-e Abgeordnete/-r	Bis zu 2 in einer Fragestunde	Eingabe eine Woche vor Fragestunde	Mündlich in den Fragestunden

Tabelle 3 Übersicht über die Frageinstrumente
Quelle: Eigene Darstellung auf Grundlage von Siefken 2010, S. 21.

Die Bearbeitungszeit von KA beträgt zwei Wochen (vgl. §104 II 1). Der Bundestagspräsident bittet um die Beantwortung innerhalb dieser Zeit. Die Bundesregierung erlegt sich in §28 IV 1 GGO selbst auf, diese Frist zu wahren, kann aber um eine Fristverlängerung bitten, sollte es ihr nicht möglich sein, innerhalb der Frist zu antworten (vgl. §104 II GOBT). Diese ist unverzüglich beim Bundestagspräsidenten zu beantragen. Dieser kann die Frist im Einverständnis mit den Fragestellern verlängern. In der Praxis hat es sich durchgesetzt, dass die Fristverlängerung stillschweigend als gewährt angesehen wird, wenn die fragenstellende Fraktion dem Ersuchen der Bundesregierung nicht widerspricht (Hölscheidt 1992, S. 58). Sind die Fragestellenden mit der Beantwortung ihrer Anfrage nicht zufrieden, so obliegt es diesen selbst Konsequenzen bzw. Folgen daraus abzuleiten. Konsequenzen einer unzureichender oder einer nicht erfolgten Beantwortung kann die Intervention des Bundestagspräsidenten bei der Bundesregierung sein, der darauf dringt, dass unzureichende oder nicht beantwortende Anfragen doch noch beantwortet werden. In anderen Fällen kann die fragende Fraktion weitere KA stellen und auf die unzureichende Beantwortung hinweisen[7] (ebd., S. 28). Nach der Beantwortung der KA wird diese an die Fraktionen geschickt

---

7   Siehe. z.B. BT-Drks. 11/1430 oder BT-Drs. 16/13554.

und als Bundestagsdrucksache veröffentlicht (ebd., S. 58). Eine Aussprache hierzu bleibt aus (Kepplinger 2007, S. 307). Nichtsdestotrotz können die Informationen der Antwort der KA auch von den Abgeordneten benutzt werden und in parlamentarischen Debatten zur Sprache kommen (s. Kapitel 4).

Kleine Anfragen nehmen einen langen Weg von der Fragestellung bis zur Beantwortung. Eine grafische Übersicht zu dem im Folgenden erläuterten Geschäftsprozess findet sich in Abbildung 1. Nicht nur formale Akteure sind daran beteiligt. Schon vor der eigentlichen Bearbeitung sind häufig Dritte außerhalb der parlamentarischen Arena für das Stellen einer KA verantwortlich. Dies können zum Beispiel Interessengruppen, Journalisten oder einfache Bürgerinnen und Bürger sein, die einen Impuls an den oder die Abgeordnete/-n geben. In einer Befragung von Mitgliedern des Bundestages bezüglich der Mediatisierung der Parlamentsarbeit im Jahr 2003 gab eine Mehrheit an, dass Fraktionskollegen und Experten am häufigsten für Anregungen bei KA verantwortlich seien. Allerdings gab auch knapp die Hälfte an, dass Bürgerinnen und Bürger Impulsgeber seien. Medien spielen laut den Angaben hingegen eine geringere Rolle. Hier sind es vor allem überregionale Zeitungen, die einen Impuls setzen würden (Kepplinger 2007, S. 315, Tab. 4). Gelegentlich gebe es auch eine Verständigung im Vorhinein mit Journalisten. In derselben Befragung gab zwar die große Mehrheit an, selbst der Initiator einer KA zu sein, allerdings gaben auch ein Viertel der Befragten zu, dass Journalisten oft die Initiatoren darstellen würden (ebd., S. 313, 317).

In der Abstimmung innerhalb der Fraktionen kommt den Arbeitskreisen eine wichtige Rolle zu. Hier werden potenzielle Fragestellung diskutiert und Mitfragestellende gesucht. Die KA wird anschließend der Fraktionsgeschäftsführung vorgelegt. Die Fraktionen regeln intern die Einbindung der Gesamtfraktion. Nach Unterzeichnung durch die Geschäftsführung und davor eventuellen Rücksprachen mit den fragestellenden Abgeordneten wird die KA an die Bundestagsverwaltung, genauer an das Parlamentssekretariat, weitergegen. Hier wird die KA auf formelle und inhaltliche Zulässigkeit geprüft. Die KA wird anschließend als Drucksache veröffentlicht. Die KA wird nun an das Bundeskanzleramt, welches für die thematische Einordnung der KA zuständig ist, weitergeleitet und das dortige Parlamentsreferat bestimmt ein oder mehrere Ressorts, die sich der Beantwortung annehmen. In den Bundesministerien existieren dafür eigene Parlaments- bzw. Kabinettsreferate, meistens im Leitungsstab im Bereich des Ministers bzw. der Ministerin oder in der Zentralabteilung eines Ministeriums. Von dort wird die Anfrage über den Dienstweg, sprich über die entsprechenden Abteilungen und Gruppen, zu den Fachreferaten zugeleitet. Diese beantworten die KA. Öfters sind hierfür auch Informationen von nachgeordneten Stellen einzuholen. Dort wird die KA ebenfalls über den Dienstweg übersendet und zurückgeschickt (Siefken 2010, S. 28–30).

Interessengruppen / Parteien / Medien / Bürger, -innen

Bundestag

Legende:

Erforderlicher Schritt: ⟶

Möglicher Schritt: ⋯⋯▶

Abgeordnete/-r

Bundestagsver-waltung

Abgeordnete/-r

Fraktionsge-schäftsführer

Parlamentssekre-tariat

Fraktionsge-schäftsführer

Gesamtfraktion o. Arbeitskreise

Parlamentssekre-tariat

Fraktionsge-schäftsführer

Prüfen und Zusenden

Veröffentlichung als Drucksache

Bundesregierung

Parlaments-/ Kabinettsreferat

Fachreferat

Fachreferat

Bundeskanzleramt

Minister

Fachreferat

BK: Kabinettsreferat

Staatssekretär

Bundesministeri-um

Nachgeordnete Verwaltung

Antwort

Abstimmungsbedarf

Zuordnung zu Ressort

Abteilungsleitung

Leitung

Leitung

Bundesministeri-um

Unterabteilungs-leitung

Abteilungsleitung

Fachreferate

Parlaments-/ Kabinettsreferat

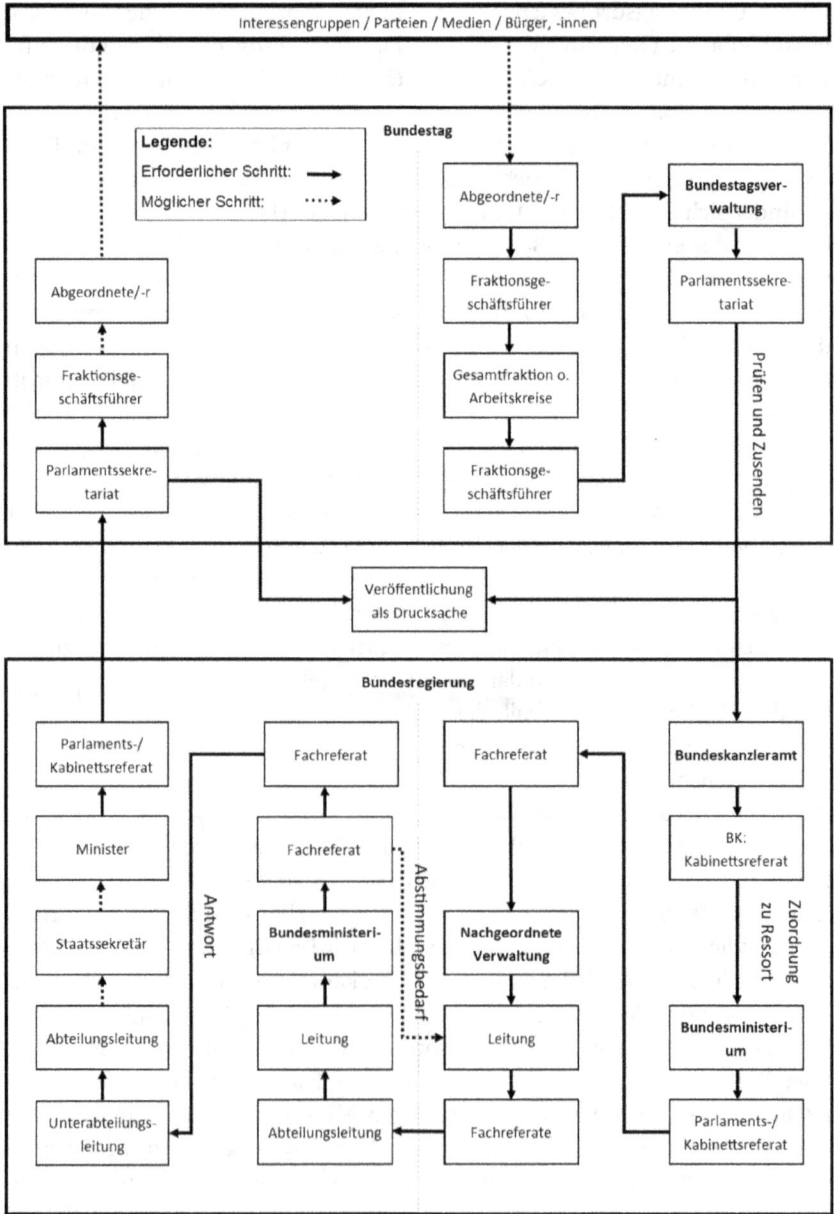

Abbildung 1 Geschäftsprozess der Kleinen Anfrage

Quelle: Eigene Darstellung auf Grundlage von Siefken 2010, S. 28 ff.

Gegebenenfalls muss die Antwort noch weiter mit nachgeordneten Behörden oder mit anderen Ressorts abgestimmt werden, die nicht federführend, dennoch aber an der Antwort beteiligt waren. Die formulierte Antwort wird auch in einem internen Prozess im Ministerium abgestimmt. Zeitaufwändige Gegenzeichnungsvorgänge übergeordneter Einheiten, über Gruppen- bzw. Unterabteilungsleiter/-innen, zur Abteilungsleitung, mitunter auch hoch bis zum bzw. zur Staatssekretär/-in oder Minister/-in, beanspruchen weiter die Bearbeitungszeit, bis die KA freigegeben und an das Parlamentssekretariat des Bundestages weitergeleitet wird. Die Antwort erreicht schließlich die Fragesteller und kann weiterverwertet werden (ebd.)

3.2 Funktion und Motive

Um die Wirkung der KA einschätzen zu können, muss zuerst auf die Funktionen der KA und die Motive der Abgeordneten eingegangen werden. In der Literatur werden, neben der bereits angesprochenen Kontrollfunktion, verschiedene Funktionen diskutiert. Kepplinger unterscheidet zwischen politischen und publizistischen Funktionen von KA. Politische Funktionen seien die Kontrollwirkung, die Selbstinformation, die Vorbereitung von politischen Stellungnahmen und die Profilierung der Fragesteller in Fraktion und Parlament. Die publizistische Funktion hingegen sei nur mithilfe der Medien zu erreichen. Abgeordnete zielen hier auf Berichterstattung ab, um die Öffentlichkeit zu sensibilisieren, außerparlamentarische Aktivitäten zu unterstützen und sich in der Öffentlichkeit zu profilieren (2007, S. 310).

Auch Witte-Wegmann sieht, neben der klassischen Kontrollfunktion, weitere Funktionen der KA. Diese würden über reines Auskunftsverlangen hinweggehen und oft vielmehr als Anregung gedacht sein: „Mißstände [sic!] im Land und Belästigungen für die Bevölkerung werden aufgezeigt und Vorschläge zu ihrer Beseitigung gemacht. " (1972, S. 158). Dabei würden Anregung und Kritik auch ineinander übergehen (ebd.). Diese Thematisierungsfunktion, die auch eine Art der Agenda-Kontrolle darstellt (Döring 2001, S. 147), sieht Hünermund ebenso gegeben. Die Abgeordneten formulieren in ihren KA Erwartungen und Absichten, mit dem Ziel, die Regierung auf dringende Themen anzusprechen. Dies steht in Zusammenhang mit so genannten informierenden Fragen. Hierbei werden Tatsachen oder Meinungen angegeben und die Regierung aufgefordert, Stellung zu nehmen. Oft geht mit dieser impliziten Aufforderung auch Kritik einher, dass noch nichts in dieser Sache unternommen worden sei (Witte-Wegmann 1972, S. 152–153).

Ismayr formuliert eine Sensibilisierungsfunktion von KA, die ähnlich wie die Thematisierungsfunktion wirkt. So nimmt er an, dass Referenten, die öfters mit KA konfrontiert werden, langsam ein Problembewusstsein aufbauen und für Anliegen der Parlamentarier sensibilisiert werden. Dies würde sich langfristig auch auf ihre gesamte Ministerialtätigkeit auswirken (2012, S. 330).

Hünermund sieht weitergehend die KA auch der Repräsentationsfunktion der Abgeordneten dienlich. Abgeordnete würden jegliche Themen ansprechen können und dazu detaillierte Informationen zu Wahlkreisthematiken erhalten können. Diese Informationen, die dem Wahlkreis zur Verfügung gestellt werden, können dort zum einen fachlich weiterverarbeitet, aber auch als Nachweis für parlamentarisch Tätigkeit „verkauft" werden (2018, S. 475).

3.3 Verwertung und Nutzen

In der schon erwähnten Studie von Kepplinger wurden Abgeordnete gefragt, wie wichtig verschiedene Ziele und Motive beim Einbringen KA für sie sind. Eine Mehrheit gab an, dass ein sehr wichtiges Ziel von KA ist, die Regierung unter Druck zu setzen. Für etwas weniger als die Hälfte ist die eigene Informationsgewinnung ein weiteres sehr wichtiges Ziel. Das Nutzen einer KA für die Vorbereitung für politische Aktivität wie Gesetzesinitiativen oder Reden spielen hingegen keine große Rolle (Kepplinger 2007, S. 310–311). Die Abgeordneten wurden ebenfalls nach der weiteren Verwertung der Antworten auf KA befragt. Ungefähr die Hälfte der Befragten erklärt, dass das Thema weiterverfolgt wird und an interessierte Stellen im Wahlkreis weitergegen würde. So nimmt Kepplinger an, dass die KA nur einen Teil in einem größeren Arbeits- bzw. Kontrollprozess darstellt. Gleichzeitig erklärt die Mehrheit, dass die Antwort auf eine KA nur manchmal bis nie in der Fraktion debattiert wird. Dies trifft in ähnlichem Maße auch auf die Debatte im zuständigen Arbeitskreis zu. Die Antworten lassen darauf schließen, dass die KA weniger der Resonanz im Parlament als vielmehr der Wirkung nach außen dienen (ebd., S. 313–314).

Weiter nach dem Nutzen von KA befragt, antworten 46%, dass KA Einfluss auf Debatten im Bundestag nehmen und 42%, dass sie Kolleginnen und Kollegen im Parlament für ein Thema sensibilisieren würden. Selten würden sie hingegen als Anstoß für ein neues Gesetzgebungsverfahren dienen oder auf ein laufendes Verfahren Einfluss nehmen. Aus publizistischer Sicht gab eine Mehrheit an, dass KA helfen würden, außerparlamentarische Arbeit zu unterstützen und knapp 50% gaben an, dass KA auch benutzt werden, um wichtige Themen in den Medien zu platzieren. Zudem gaben rund zwei Drittel an, dass KA auch der eigenen Profilierung in der Partei und in der Öffentlichkeit diene (ebd., S. 312).

Ismayr hingegen erkennt eine ausbleibende intrafraktionelle Auseinandersetzung mit KA in der Praxis. Dies sei Folge von immer stärker ansteigenden Anfragezahlen, bei gleichzeitig immer differenzierteren Thematiken: „Eine derartige
Vielfalt an Einzelaktivitäten, die in der Fraktion meist gar nicht mehr allgemein
wahrgenommen werden, stärkt nicht eben die Konzentration auf das Wesentliche […]." (2012, S. 328). Hünermund will diese Aussage zumindest teilweise
entkräften, indem er darauf hinweist, dass es häufig vorkommt, dass Antworten
für weitere Kontrollvorgänge genutzt werden, um weiter nachzuhaken und um
Druck aufzubauen (2018, S. 469). Dies sieht er als Beweis dafür, dass „die Kon-
trolleure die Ergebnisse ihrer häufig umfangreichen Informationsbekundungen
systematisch filtern, auswerten und einordnen" (ebd., S. 469–470).

Nicht zu unterschätzen ist die Verwertung von KA ebenfalls im Bereich von
Wissenschaft und Journalismus. KA stellen oft eine der wenigen Möglichkeiten
dar verlässliche Informationen aus der Verwaltung zu bekommen (Siefken 2010,
S. 35).

3.4 Wirkung und Kontrollintensität

In der Bewertung der Wirkung der KA sind sich die verschiedenen Autoren
nicht einig. Stadler bewertet die Kontrollwirkung der KA negativ. Seiner Einschätzung nach seien die KA seit der 8. WP zu einem Profilierungsinstrument
der Abgeordneten verkommen und Kontrolle finde nur stichprobenartig und
zufällig statt (1984, S. 127). Auch andere Autoren stellen die KA in den unteren
Bereich der Hierarchie der Frageinstrumente. So vertritt Ismayr die Meinung,
dass die Großen Anfrage das Frageinstrument mit der größten Bedeutung sei, da
dort politische Grundsatzfragen und Gesamtkonzepte hinterfragt werden würden (2012, S. 325).

Für viele Autoren ist auch die fehlende Debatte im Plenum ein Grund, um von
einer geringen Kontrollwirkung auszugehen. Hölscheidt sieht die KA in der Hierarchie der Frageinstrumente weit untenstehend, zusammen mit den schriftlichen Einzelfragen. Die KA sei dann geeignet, wenn man „eine geringe Publizität
für ausreichend [hält]" (1992, S. 71). Allerdings kann diese Argumentation nicht
mehr überzeugen. Nur weil die KA nicht offizieller Teil von Plenardebatten ist,
kann sie trotzdem in der parlamentarischen Debatte Wirkung entfalten, indem
die Informationen der Antwort dort rezipiert oder politisch bewertet werden. So
muss die KA stets im Zusammenhang des Themenkomplexes gesehen werden
(Ismayr 2012, S. 329). Auch Siefken widerspricht der Einschätzung von Hölscheidt. Er verweist auf die abgenommene Bedeutung und Reichweite von parlamentarischen Debatten in der Öffentlichkeit. Die große Wirkung der KA liegt

daher nicht in der parlamentarischen Debatte, sondern in ihrer Veröffentlichung in den Medien (2010, S. 31). Steffani geht davon aus, dass die KA, durch die gute Dokumentation, ihrer im Vergleich zu Großen Anfragen beschränkten Thematik und ihrem geringerem Umfang „gelegentlich eine größere Medienwirkung als umfänglich diskutierte Große Anfragen [entfaltet]." (1989, S. 1333). Siefken untersucht hierzu grob die Verbreitung von KA in den Medien. In einer Stichwortsuche nach „Kleine Anfrage" im Archiv von *Der Spiegel*, der *Frankfurter Allgemeinen Zeitung (FAZ)* und in *Die Tageszeitung* konnte er keine Steigerung der Berichterstattung aufgrund der steigenden Anfragezahlen von KA beobachten. Nichtsdestotrotz würden KA eine große Reichweite in der Gesellschaft erzielen. Mithilfe einer Google-Suche des Begriffs „Kleine Anfrage" fand er insgesamt 406 000 Treffer. Zum Vergleich: „Große Anfrage" lieferte 95 000 und „Plenarprotokoll" 186 000 Treffer. Bei der Auswertung von 50 Stichproben verwiesen 38% der Suchergebnisse auf Interessengruppen, Vereine, Verbände und NGOs, 20% auf Homepages von Abgeordneten und 12% auf Online-Medien (Siefken 2010, S. 31–32). Siefken gibt zu, dass dies nur einen groben Überblick darstellt, es zeige aber trotzdem, „wie wichtig die Anfragen für die gesellschaftliche Vernetzung sind." (ebd., S. 32).

Für Witte-Wegemann ist die Kontrollintensität von KA vor allem durch die Verschriftlichung als hoch einzustufen. Hinzukomme, dass die Fragesteller über ein starkes Interesse und Fachwissen verfügen würden und bei mangelnder Beantwortung weiter Druck durch Nachfragen aufbauen können (1972, S. 161). Allerdings schränkt sie ein, dass kaum ein „parteipropagandistischer Effekt" (ebd., S. 159) bei KA zu erzielen sei. Dies könne man an der hohen Zahl von KA erkennen, die von Oppositions- und Regierungsabgeordneten gemeinsam eingebracht wurden (ebd.). Diese Beobachtung dürfte für die aktuelleren Wahlperioden als überholt gelten. Besonders für die Opposition haben KA einen großen Effekt in Bezug auf Öffentlichkeitswirkung und, wenn man so will, Parteipropaganda in der Öffentlichkeit.[8] KA sind gerade für die Opposition geeignet, die Regierung durch die Informationen zu kontrollieren, die in ihnen in den Antworten durch die Ministerialverwaltung bereitgestellt wurde, beispielsweise indem sie die Regierung mit Ungereimtheiten konfrontiert (Hünermund 2018, S. 469).

Die Themen, die in KA abgefragt werden, sind vor allem detailreiche Sachfragen zu spezifischen Themen. Auf die Unterscheidung von Sach- und Leistungskontrolle auf der einen und Richtungskontrolle auf der anderen Seite

---

8   Siehe weiter unten in diesem Kapitel.

(Eschenburg 1956, S. 608) bezugnehmend, geht Steffani davon aus, dass KA hauptsächlich der Sachkontrolle fachlicher Einzelthematiken dienen, nicht hingegen der übergeordneten politischen Richtungskontrolle, die die großen Themen der Politik hinterfragen will (Steffani, S. 1333). Stadler sieht die Wirkung von KA ebenfalls in der Sachkontrolle (1984, S. 127). Auch Eschenburg selbst (1956, S. 606) und Witte-Wegmann (1972, S. 156) stimmen überein, dass KA nicht die komplexen, sondern eher die einfacheren Probleme und Fragen zum Inhalt haben. Allerdings weist Ismayr darauf hin, dass die Einzelfragen in den KA oft im Rahmen der Gesamtdebatte um diese Grundsatzprobleme erhebliches Gewicht hätten (2012, S. 329).

In einer Inhaltsanalyse von KA in ausgewählten Themengebieten kommt Hünermund zu dem Ergebnis, dass KA vor allem im Bereich der Innenpolitik der Sach- und Leistungskontrolle dienten würde. Auch im Bereich der Verkehrspolitik würde diese Kontrollart bei den KA vorherrschen (2018, S. 466). Außerdem würden sie zumeist von den Fachpolitikern einer Fraktion gestellt, was den Schluss nahelege, dass es sich vor allem um detailreiche Fachprobleme handelt. Er weist gleichzeitig darauf hin, dass KA nicht nur reine statistische Abfragen von Zahlen sein würden, sondern dass die Oppositionsfraktionen in KA auch Rechtfertigungen und Einschätzungen von der Regierung verlangen würden. „Die Oppositionsparteien können folglich die Grundzüge der Regierungspolitik an ihren eigenen Vorstellungen messen […]." (ebd., S. 466) und KA würden nicht mehr nur der reinen Sachkontrolle, sondern auch der Richtungskontrolle zugeordnet werden können. Im Ergebnis verwirft er daher die Einteilung nach Sach- und Richtungskontrolle, da KA oft eine Mischform darstellen würden, tendenziell eher der Sachkontrolle zuordbar, aber in der Sache eine generelle Unterscheidung nicht sinnvoll erscheine (ebd., S. 468).

Eine aktuelle Einschätzung der Kontrollwirkung unternimmt Siefken (s. Abbildung 2). In seiner umfassenden Arbeit entwickelt er einen analytischen Vergleichsrahmen für die Frageinstrumente mit insgesamt vier Indikatoren (2018a, S. 99ff.). Erstens die faktische Nutzung des Instruments in der Praxis. Zweitens das Sanktionspotential, also das Potential, durch das Instrument verbindlich Einfluss zu nehmen. Drittens die symbolische Wirkung, die Möglichkeit sozialen Druck in der Öffentlichkeit aufzubauen und viertens die Vorwirkung. Darunter versteht Siefken die antizipierte Drohwirkung des Frageinstruments auf die Adressaten des Instruments. Er bewertet jede dieser Indikatoren auf einer 5er-Skala, wobei eins für „sehr schwach" und fünf für „sehr stark" steht. Das arithmetische Mittel ergibt die Gesamtstärke der Kontrolle. Diese vergleicht er im Zeitverlauf im Zeitraum der 1950er, der 1970er, der 1990er und der 2010er.

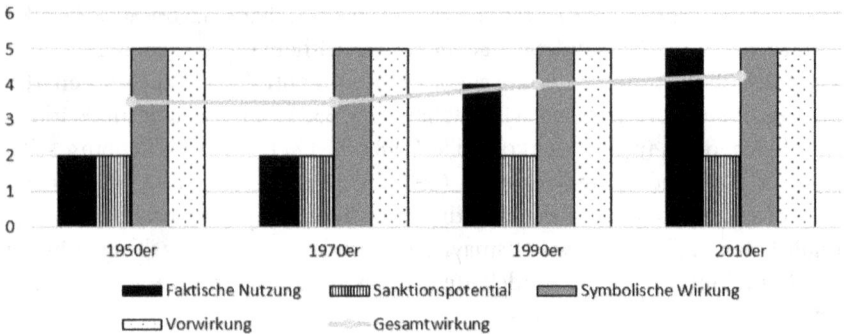

Abbildung 2 Kontrollstärke des Instruments „Kleine Anfrage" im Zeitverlauf nach Siefken

Quelle: Eigene Darstellung in Anlehnung an Siefken 2018a, S. 159.

Das Sanktionspotential der KA bewertet Siefken als niedrig, da keine formalen Sanktionen erlassen werden können. Nichtsdestotrotz bleibt eine KA nicht sanktionslos, denn diese entfaltet eine sehr starke symbolische Wirkung in der Öffentlichkeit. Diese und die Vorwirkung bleiben sehr stark im Zeitverlauf, denn bereits die Existenz des Interpellationsrechts der Kleinen Anfragen entfalte eine Kontrollwirkung. Insgesamt wird die Kontrollstärke der KA mit einem Wert von 4,25 ab den 2010er Jahren als sehr hoch eingestuft. Dabei ist anzumerken, dass die Kontrollstärke im Zeitverlauf stets leicht anstig, da die faktische Nutzung ebenfalls weiter anstig, während die anderen Indikatoren auf demselben Niveau verharren (ebd., S. 159, Abb. 34).

Die Unvorhersehbarkeit bzw. „Potentialität" (Stadler 1984, S. 27) und die schnelle, situationsbedingte Fragestellung generiere ein diffuses Druckpotential gegenüber der Regierung, da diese immer damit rechnen müsse, Anfragen zu einem bestimmten Thema zu erhalten. Davon profitieren auch die Abgeordneten der Parlamentsmehrheit, da diese aufgrund des Bedrohungspotentials in laufende Verfahren eingebunden und informiert werden würden (Siefken 2010, S. 33–34). KA haben damit insgesamt gesehen eine „erhebliche Bedeutung für die parlamentarische Kontrolle" (ebd. 2018, S. 159). Im Vergleich mit den anderen formellen Frageinstrumenten ist zudem zu erkennen, dass die KA in der Bewertung von Siefken in den 2010er den höchsten Wert an Kontrollstärke

Funktion	Eigenschaften
Kontrollfunktion	- *oversight*: Überwachung fremder Amtsführung - Konfrontation mit abweichenden Statements - Eher Sachkontrolle, teilweise mit Suggestivfragen - Druck auf Regierung/Drohpotential
Öffentlichkeitsfunktion	- Unterstützung ausserparlamentarische Aktivität - Weitergabe an die Medien - Sensibilisierung und Mobilisierung der Öffentlichkeit
Informationsfunktion	- Selbstinformation - Unterstützung eigener parlamentarischer Tätigkeit
Thematisierungsfunktion	- Hinweis auf potenzielle Handlungsfelder - Sensibilisierung der Ministerialverwaltung - Informierende Fragen
Repräsentationsfunktion	- Thematisieren von Wahlkreisthemen - Nachweis und Sichtbarkeit vor Wähler

Tabelle 4 Funktionen der Kleinen Anfrage

Quelle: Eigene Zusammenstellung auf Basis der rezipierten Literatur.

erreicht.[9] Insbesondere der Rückgang der Großen Anfragen und der Trend zu KA bewirken einen höheren Kontrollwert der KA.

Zusammenfassend konnte aufgezeigt werden, dass KA verschiedene, zum Teil auch parallel verlaufende, Funktionen für die Abgeordneten haben können. Fünf Funktionen wurden in den obigen Ausführungen identifiziert: Kontrollfunktion, Informationsfunktion, Öffentlichkeitsfunktion, Thematisierungsfunktion und Repräsentationsfunktion (s. Tabelle 4). Durch die verschiedenen Funktionen ist die KA ein stark genutztes Instrument (Sauer 1968, S. 34; Siefken 2010, S. 27), da sie verschiedenen Motiven der Abgeordneten gerecht werden kann. Außerdem sind sie „aufgrund ihres rein schriftlichen Geschäftsprozesses für die Parlamentarier sehr effizient und in großer Zahl zu bearbeiten [...] – sie binden im Parlament wenig Ressourcen, haben aber zugleich ein klares Ergebnis, das öffentlich ist und weiter verbreitet werden kann." (Siefken 2018a, S. 159). Konnte

---

9   Große Anfragen erreichen einen Wert von 3,5. Hier ist die faktische Nutzung, wie auch das Sanktionspotential niedrig (Siefken 2018a, S. 155). Schriftliche Anfragen erreichen denselben Gesamtwert, der vor allem durch die faktische Nutzung und die starke Vorwirkung zustande kommt (ebd., S. 163). Mündliche Anfragen erreichen nur in ihrem Drohpotential einen hohen Wert und besitzen daher einen Gesamtwert von nur 2,5 (ebd., S. 165).

der KA in den ersten Wahlperioden des Bundestages eine deutlich geringere Stellung, vor allem im Vergleich zu Großen Anfragen, attestiert werden, ist nun davon auszugehen, dass sie ein äußerst bedeutsames Instrument des Fragerechtes ist, der eine hohe Kontrollwirkung zugestanden werden muss. Diese ergibt sich vor allem aus der öffentlichen Verwertbarkeit und der nicht vorhersehbaren, beinahe willkürlichen Zufälligkeit, die ein diffuses Drohpotential gegenüber der Bundesregierung entfaltet.

4 Die Verwendung der Kleinen Anfrage im Deutschen Bundestag

Nachdem der rechts- und politikwissenschaftliche Kontext der KA dargelegt worden ist, wird nun ein genauerer Blick auf die Praxis des Frageverhaltens im Parlament stattfinden. So soll durch eine detaillierte Analyse von Parlamentsstatistiken ein umfassender Überblick über Muster und Dynamiken der Fragetätigkeit von Abgeordneten des Deutschen Bundestages erhalten werden. An dieser Stelle erfolgt somit eine statistisch-deskriptive Analyse einiger markanter sowie bereits auch in der Forschungsliteratur diskutierten Ausprägungen und Charakteristika in der Verwendung von KA. Da die bestehende Literatur zumeist nur Statistiken bis zur 18.WP liefert, soll explizit ein Ausblick auf die laufende 19. WP geliefert werden, insbesondere mit einem Augenmerk auf sich eventuell veränderte Dynamiken des Frageverhaltens seit Eintritt der AfD in den Bundestag. Des Weiteren soll explizit auf Grundlage vorhandener Daten eine Annäherung an die Belastung der jeweiligen Ressorts dargestellt werden und Kennziffern hierfür berechnet werden. Als Datengrundlage für die folgenden Analysen werden die Ausgaben des Datenhandbuchs des Deutschen Bundestages (Schindler 1999; Feldkamp 2005) sowie Veröffentlichungen zur Parlamentsstatistik (Feldkamp 2011, 2018) und die Online-Version des Datenhandbuchs (Deutscher Bundestag o.J.) verwendet sowie eine Übersicht aller beantworteten KA aus der Datenbank des Dokumentations- und Informationssystem für Parlamentarische Vorgänge (DIP)[10], welche vom Referat Parlamentsdokumentation der Bundestagsverwaltung zur Verfügung gestellt wurde.

4.1 Anzahl

Seit der 10. WP kann man einen Anstieg der Anfragezahlen von KA beobachten. Waren es in den ersten neun Wahlperioden im Durchschnitt 0,31 KA am Tag, wurden von der 10. bis 18. WP durchschnittlich 1,5 KA am Tag gestellt (s. Abbildung 3). Einige Gründe für den Anstieg der KA, wie die geeignete Form der KA insbesondere für Oppositionsabgeordnete oder die Individualisierung des Fragerechts, wurden bereits genannt. Ein weiterer Grund liegt schlicht im Einzug neuer Fraktionen in den Bundestag, die einen neuen anfrageberechtigten

---

10 Abrufbar unter: https://www.bundestag.de/dokumente/dip (zuletzt abgerufen am 28.10.19).

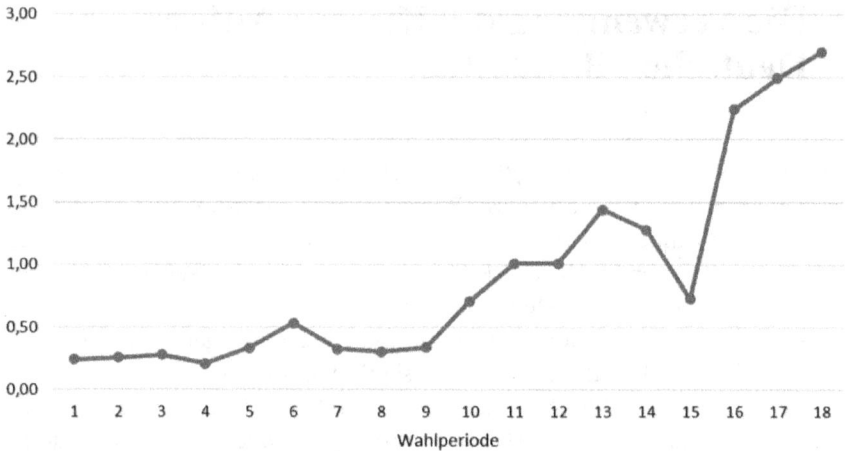

Abbildung 3 Kleine Anfragen pro Tag je Legislaturperiode
Quelle: Eigene Darstellung auf Grundlage von Feldkamp 2005, S. 864–865; Feldkamp 2018, S. 219; für die Dauer der WP: Schindler 1999. S. 301; Deutscher Bundestag (o.J.), Kap. 1.20, S. 1.

Akteur ins Spiel brachten. Dies zeigt sich beim Einzug der Grünen in den Bundestag in der 10. WP, deren Fraktion recht schnell eine hohe Frageaktivität der KA zeigte. Ebenfalls in Abbildung 3 zu sehen, ist ein plötzlicher Einschnitt in der Anzahl der KA in der 15. WP. Grund hierfür ist, dass die PDS die 5%-Hürde verpasst und somit den Einzug in den Bundestag verpasst hatte (Siefken 2010, S. 26). Damit war eine Oppositionsfraktion weniger im Parlament. Dies hatte entsprechende Auswirkung auf die Anfragezahlen.

Auch der Anstieg der Abgeordnetenzahlen in den letzten Wahlperioden (Deutscher Bundestag o.J., Kap. 2.1, S. 2–3) könnte, verbunden mit der Individualisierung des Anfragerechts bei KA, aufgrund der selben Logik zur Erhöhung beigetragen haben. Allerdings stieg auch die Zahl der KA, die pro Abgeordneten gestellt wurden, wie Abbildung 4 zeigt. Waren es in der 12. WP noch ungefähr 2 KA pro Abgeordneten in der WP, stieg die Zahl auf 6,3 KA in der 18. WP.

Schiebe hingegen will die Größe des Bundestages nicht für die gestiegene Fragetätigkeit verantwortlich machen, sondern verweist auf äußere Umstände. So ginge die gestiegen Fragetätigkeit mit der Zunahme der Staatstätigkeit einher, die mehr Raum für Anfragen erlaube (2016, S. 79). Folgt man dieser Argumentation könnte ein weiterer Grund für den Anstieg der KA die Ausweitung von ausschliesslicher und konkurrierender Gesetzgebung zugunsten des Bundes sein (Wissenschaftliche Dienste des Deutschen Bundestages 2009,

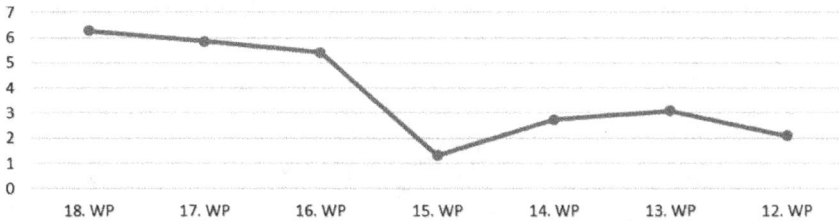

Abbildung 4 Kleine Anfragen pro Abgeordneten in ausgewählten Wahlperioden
Quelle: Deutscher Bundestag (o.J.), Kap. 11.1, S. 2–5; Kap. 2.1, S. 2–3.

S. 2–4), welches weitere Kontrollräume und auch -berechtigung für die Opposition bedeutet.

Kepplinger will den starken Anstieg mit der Mediatisierung der Parlamentsarbeit begründen. Seiner Argumentation zufolge sind Politiker immer häufiger auf die Medien angewiesen, um politische wie auch publizistische Ziele zu erreichen. KA würden gezielt so gestellt, dass Medien darüber berichten würden. Teilweise würden diese auch an Medien weitergeleitet, was wiederum der eigenen Profilierung beispielsweise im Wahlkreis diene. Er schätzt, dass etwa ein Viertel der Zunahme der KA auf die erhöhten Möglichkeiten der publizistischen Verbreitung von KA zurückzuführen sei (2007, S. 316–317). Weiter führt er aus, dass die, durch die Mediatisierung gesteigerten, Anfragezahlen zu einer „Ausweitung der Ministerialbürokratie" führten, da eine entsprechend hohe Personalanzahl zur Beantwortung bereitgehalten werden müsse (2009, S. 102, 104–112). Ob diese Schlussfolgerung allerding zulässig ist, kann bezweifelt werden, fing der Abbau von Stellen im Öffentlichen Dienst doch bereits an, bevor die Steigerung der Anfragezahlen von KA einsetzte (Siefken 2010, S. 30).

4.2 Ressorts

Zwar stieg die Zahl der KA stark an, allerdings sind die KA ungleich auf die verschiedenen Ressorts verteilt. In der 18. WP erhielt das Bundesministerium des Inneren (BMI) mit 29% fast ein Drittel der KA, gefolgt vom Verkehrsministerium (BMVI) mit 16% und dem Auswärtigen Amt und dem Wirtschaftsministerium mit jeweils 11%. Die Bundesministerien für Justiz, für Umwelt und wirtschaftliche Zusammenarbeit hingegen landen in der 18. WP auf den hinteren Plätzen (s. Abbildung 5).

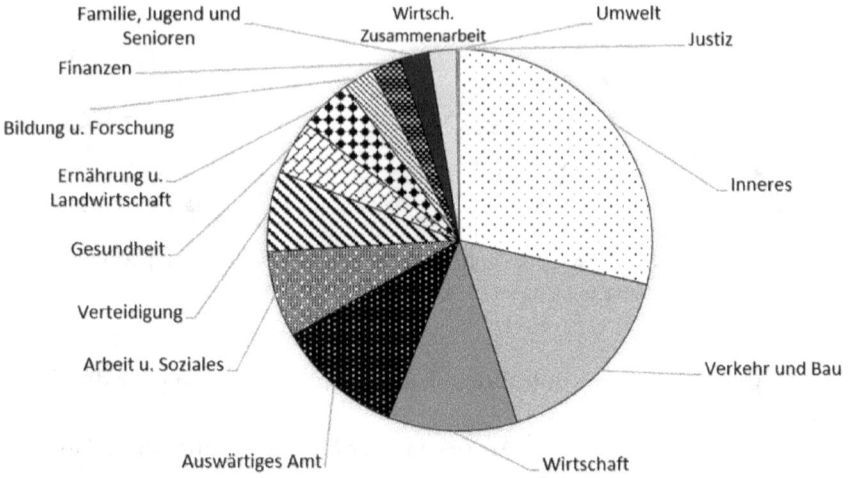

Abbildung 5 Prozentualer Anteil der der Kleinen Anfragen pro Ressort in der 18. WP

Quelle: Eigene Darstellung. Datengrundlage: Deutscher Bundestag o.J., Kap. 11.1, S. 12.

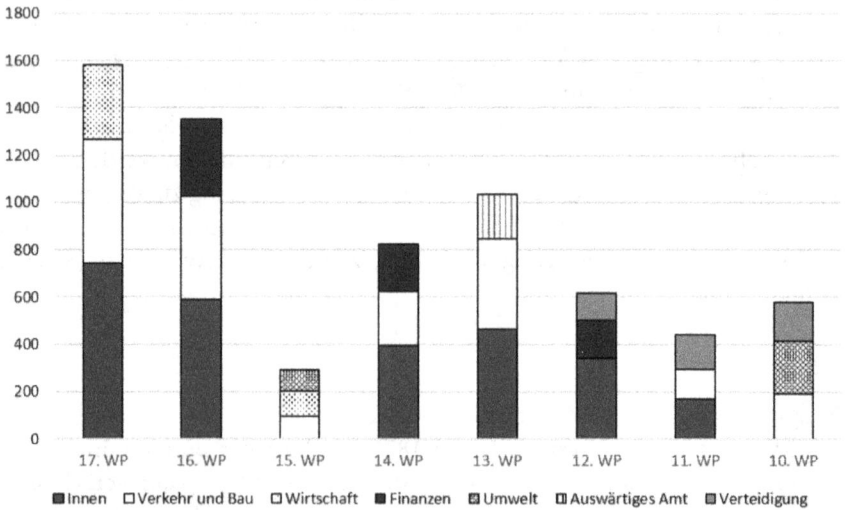

Abbildung 6 Die drei Ressorts mit den häufigsten Kleinen Anfragen in ausgewählten Wahlperioden

Quelle: Eigene Darstellung auf Grundlage von Deutscher Bundestag o.J., Kap. 11.1, S. 6–12; 10. und 11. WP: Schindler 1999, S. 2649

Auch in der 17. WP war das Innenministerium das häufigste Ziel von KA (s. Abbildung 6). Dies lässt sich, mit Ausnahme der 10. und 15. WP, seit der 8. WP, nachweisen. Das Politikfeld der Innenpolitik scheint ein großes Kontrollbedürfnis aufzuweisen (Hünermund 2018, S. 462). Im Zeitverlauf ist ebenfalls zu sehen, dass das Verkehrsministerium stets einer hohen Kontrollaktivität durch KA unterliegt. Hünermund vermutet, dass das Verkehrsministerium mit den Bereichen Straßenbau und Infrastrukturprojekten einen besonderen lokalen Bezuge besitze und es für Abgeordnete daher besonders lohnenswert sei, Anfragen an dieses Ministerium zu stellen (2018, S. 464). Jedoch bescheinigt Ismayr den KA keinen großen regionalen Bezug. Nach seiner Analyse von KA in der 13. und 15. WP besitzt nur jede zehnte KA regionalen Charakter (2012, S. 328).

Lediglich in der 12. WP war das Verkehrsministerium nicht Teil der drei Adressaten mit den meisten KA und wurde vom Verteidigungsministerium ersetzt. Allgemein ist dieses von der 10. bis 12. WP im Vergleich an der Spitze, taucht in den folgenden Wahlperioden allerdings nicht mehr unter den Spitzenreitern auf. Ab dem Einzug der Grünen in den Bundestag liegt der Schwerpunkt auf dem Umwelt- und Verkehrsressort. Nach der Wiedervereinigung liegt der Schwerpunkt hingegen mehr auf dem Innen- und Finanzressort, bevor seit der 13. WP zunehmend das Verkehrsressort einer der Hauptadressaten von KA wird (Ismayr 2012, S. 329).

Neben diesen Beobachtungen sind weitere Muster der Adressaten nicht zu erkennen. Neben dem Innen- und das Verkehrsministerium wechseln die Ressorts an der Spitze in den jüngeren Wahlperioden zwischen Verteidigungs-, Wirtschafts- und Finanzministerium. Allerdings ist der Blick auf die Anfragezahlen der einzelnen Ressorts nur beginnt aussagekräftig in Bezug auf die Belastung, die ihnen dadurch entsteht. Zwar lässt sich so der Themenschwerpunkt eingrenzen, allerdings verfügen die unterschiedlichen Ministerien über verschiedene Größe und Mitarbeiteranzahl sowie inhaltliche Zuständigkeit und Zuschnitte im Laufe der Wahlperioden. Im Nachfolgenden werden daher die Themen von KA genauer aufgeschlüsselt. Ein Versuch der genaueren Belastungsbestimmung wird in Kapitel 4.7 unternommen.

4.3 Themenschwerpunkte

Nach den absoluten Zahlen werden die KA nach Themengebieten aufgeschlüsselt. Die Bundestagsverwaltung erfasst seit der 9. WP die thematischen Sachgebiete von KA im DIP. Im Folgenden wird diese Zuordnung verwendet, um ein Abbild des Themenspektrums zu erhalten. Dabei können KA auch mehreren Sachgebieten zugeordnet sein. Ist dies der Fall, wurde in der Analyse die KA allen genannten Sachgebieten zugeordnet, sodass die Anzahl der Sachgebiete die absolute Zahl der KA in einer WP übertreffen kann. Die grundlegenden Muster der Anfragezahl der Ministerien schlagen sich auch auf die Themenschwerpunkte der KA nieder.

Im Zeitverlauf, der in Abbildung 7 dargestellt ist, lässt sich erkennen, dass KA zu den Themengebieten Innere Sicherheit und Verkehr beinahe in allen Wahlperioden häufig vertreten waren, vereinzelt auch das Sachgebiet Wirtschaft wie in der 16., 15. und 11. WP. Das Sachgebiet Umwelt war besonders stark von der 10. bis 12. WP vorhanden, nahm dann im Laufe der Zeit ab, blieb aber ein prominentes Themengebiet. Ebenfalls in Abbildung 7 zu erkennen ist, dass sich im Laufe der Zeit seit der 10. WP das Feld der Themenschwerpunkte diversifiziert hat. In den jüngeren Wahlperioden kommen die vier häufigsten Schwerpunkte auf mehr oder weniger 30%, während dies noch in der 10. Und 11. WP um den 45% Wert schwanken.

Natürlich existieren zwischen den einzelnen Fraktionen unterschiedliche Themenschwerpunkte. Eine weitergehende, eigene Analyse würde an dieser Stelle zu weit führen, allerdings betreffen KA der Linken laut einer Analyse der FAZ vor allem Rechtsextremismus und die Verfolgung von Minderheiten. Die Grünen würden vor allem zu Umwelt und Klima Anfragen stellen (Jaeger 2018).

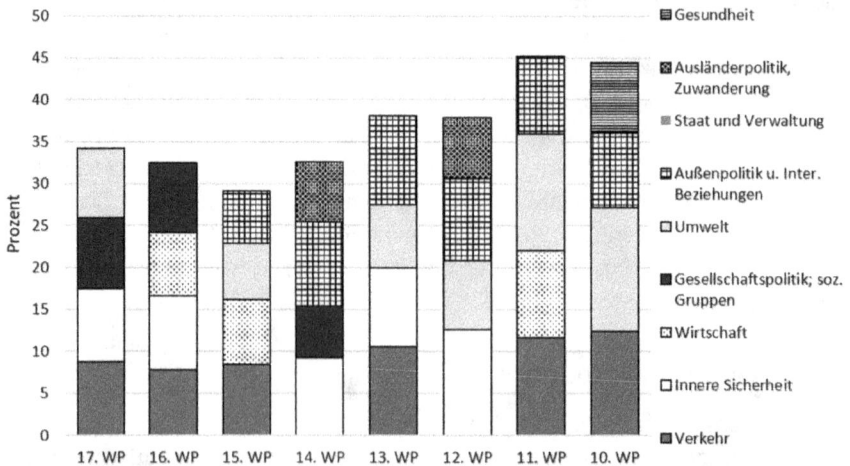

Abbildung 7 Prozentualer Anteil der vier häufigsten Sachgebiete von Kleinen Anfragen
Quelle: Eigene Darstellung. Datengrundlage: DIP.

Schiebe stellt hierzu Überlegungen an, warum sich Fraktionen unterscheiden könnten. Zunächst stellt er die Hypothese auf, dass die programmatische Ausrichtung, genauer die Inhalte des Wahlprogramms, Einfluss darauf hat, welche Themen die KA einer Fraktion tangieren. Er identifiziert hierfür vier Bereiche in den Wahlprogrammen der im 15., 16. und 17. Deutschen Bundestag vertretenen Parteien: Inneres, Justiz, Recht und Umwelt, und gibt an, welchen Anteil diese am Gesamtprogramm besitzen. Seiner These zufolge müsste die Anzahl von gestellten KA der Fraktionen den Anteilen der Themen in ihren Programmen entsprechen. Allerdings stellt er fest, dass nur bei den Grünen das Thema Umwelt sowohl in ihrer Programmatik als auch in ihren KA vorherrschend ist. Für die anderen Themenfelder lässt sich für keine Fraktion eine dominierende Rolle feststellen (Schiebe 2016, S. 64–66). Dies könnte Anzeichen sein, dass sich die klassischen, länger situierten, als Volksparteien alle Themen besetzen, die etwas jüngere Partei der Grünen immer noch ihre Kernkompetenz im Bereich Umwelt besetzt. Auffallend ist aber, dass die linke Bundestagsfraktion in ihrem Programm keine der vier Themen besonders besetzen, aber in den meisten Themengebieten die häufigsten KA stellten (ebd., S. 66).

Schiebe untersuchte ebenfalls den Zusammenhang von Größe einer Fraktion und Zahl der KA. Seine These, wonach größere Fraktionen mehr Anfragen stellen würden, da ihnen mehr Ressourcen zur Verfügung stünden, konnte er allerdings nicht bestätigen. So stellte beispielsweise in der 15. WP die Oppositionsfraktion der FDP 1,5-mal so viele Anfragen wie die Oppositionsfraktion CDU/CSU, obwohl diese mit 248 Abgeordneten deutlich größer war als die FDP Fraktion mit nur 47 Angeordneten (Schiebe 2016, S. 68–71). Dies legt den Schluss nahe, dass KA auch mit geringeren Ressourcen, also mit relativ wenig Aufwand benutzt werden können. Dies wiederum dürfte die Tendenz für die steigende Anzahl der KA miterklären. Sehr wohl lässt sich aber ein Zuwachs der Fragetätigkeit von grüner und linker Fraktion mit Zuwachs der Fraktionsgröße in der 17. WP erkennen. Schiebe macht hierfür allerdings nicht zwingend gestiegene Ressourcen verantwortlich, sondern erneut den Anstieg des Kontrollbedarfs durch Ausweitung des öffentlichen Sektors und die gestiegene Medienresonanz auf Anfragen (ebd., S. 71).

4.4 Oppositions- und Regierungsfraktionen

Die Zahlen der KA steigen, doch die verschiedenen Fraktionen im Bundestag benutzen das Instrument der KA unterschiedlich stark. Die Fraktionen der Linken und der Grünen benutzen das Frageinstrument besonders häufig. Die SPD und die Unionsfraktion hingegen deutlich weniger, auch wenn sie die

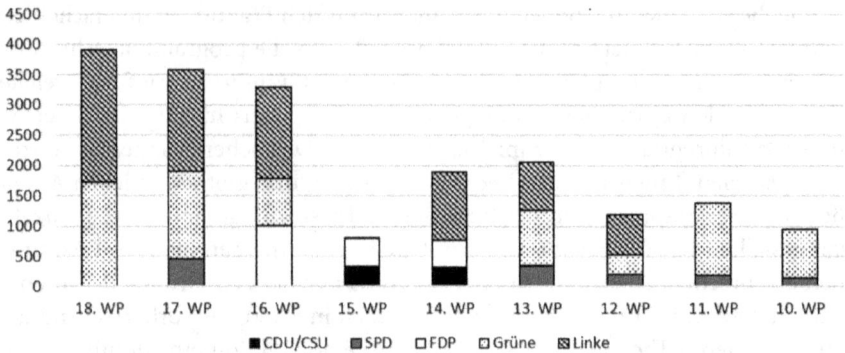

Abbildung 8 Absolute Anzahl der gestellten Kleinen Anfragen pro Fraktion in der 10. bis 18. WP

Quelle: Eigene Darstellung. Datengrundlage: Deutscher Bundestag o.J., Kap. 11.1, S. 2–5; Schindler 1999, S. 2462. Anmerkung: Dargestellt sind lediglich die KA, die von einer einzigen Fraktion gestellt worden sind. Interfraktionelle KA sind nicht dargestellt.

Oppositionsrolle einnehmen. Die FDP hingegen benutzt Anfragen häufiger als die CDU, kommt allerdings nicht an die Grünen oder die Linken heran (s. Abbildung 8).

Kleinere Parteien benutzen KA also häufiger als die großen. Für Berger ist dies ein Indiz dafür, dass die kleineren, meist Oppositionsparteien, die KA nicht nur für die Kontrolle der Regierung, sondern auch für die Kontrolle der größeren Fraktionen einsetzen (2014, S. 59). Kleinere Fraktionen besitzen zudem ein geringeres Interesse an Großen Anfragen, da diese im Plenum behandelt werden und die Redezeit nach Fraktionsstärke verteilt wird. Es liegt nicht im Interesse der kleineren Fraktionen dem parlamentarischen Gegner, der über mehr Redeanteil verfügt, eine Bühne zu geben und geben daher der KA den Vorzug (Schiebe 2016, S. 87). Die KA lässt sich ohne dieses Risiko politisch und öffentlichkeitswirksam von der Opposition verwerten.

Die KA ist, wie oben erläutert, also primär ein Instrument der Opposition (Hölscheidt 1992, S. 17). Diese theoretischen Überlegungen lassen sich auch mit empirischen Zahlen belegen. Wie Abbildung 9 zeigt, stellt die Opposition mit großem Anstand den Großteil der KA. Im Zeitverlauf erkennt man eine Zunahme dieser Tendenz. Lediglich in der vierten und fünften WP stellten auch die Regierungsfraktionen einen größeren Teil von KA.

In den jüngeren Wahlperioden nähert sich der Anteil der KA von Fraktionen, deren Parteien an der Regierung beteiligt sind, einem Wert von unter einem

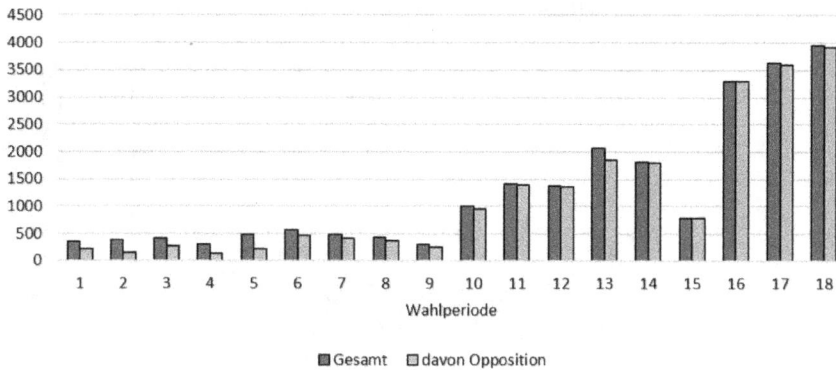

Abbildung 9 Absolute Zahl der Kleinen Anfragen und Anteil der Opposition an Gesamtzahl pro WP

Quelle: Eigene Darstellung. Datengrundlage: Feldkamp 2005, S. 864–865, 2018, S. 219

Prozent an. In der 17. WP stellte die Regierungsfraktion mit 39 KA überraschend viele Anfragen. Diese Anomalie stellt aber lediglich eine Reaktion auf monatlich gestellte Anfragen der Fraktion der Linken bezüglich rechtsideologisch motivierter politischen Straftaten dar, indem Union und SPD nach allen politisch motivierten Straftaten fragten (Schiebe 2016, S. 51). Während Witte-Wegmann in ihrer Analyse der ersten Wahlperioden keinen Unterschied zwischen Opposition- und Regierungsfraktionen bezüglich der Anfragezahlen sieht (Witte-Wegmann 1972, S. 152), kann aber bereits ab der 6. WP der Opposition eine Führungsrolle bescheinigt werden. Seit der Steigerung der Anfragezahlen in der 10. WP liegt der Anteil der Opposition über 95%, Tendenz steigend (Siefken 2018a, S. 167).

In den seltenen Fällen, in denen Regierungsfraktionen KA stellen, stellen die Koalitionsfraktionen ihre KA fast immer gemeinsam. Aus Koalitionstreue verbietet sich die Profilierung gegenüber dem Koalitionspartner (Ismayr 2012, S. 328). Zudem sind sie meist zwischen Ministerialbeamten und Fraktionen abgesprochen (ebd., S. 329). Ziel ist es hierbei häufig, die Regierungsarbeit zu loben (ebd., S. 293). Wie in Abbildung 10 zu sehen ist, bildet die KA von Regierungsfraktionen den häufigsten Typ von interfraktionellen KA.

Diese Zurückhaltung der Regierungsfraktionen kann vermutlich nicht nur auf den verbesserten Informationsfluss (s. Kapitel 2.1), sondern auch auf den mäßigenden und einhegenden Einfluss der Fraktionsführung zurückzuführen sein, deren Unterschrift für das Stellen einer KA notwendig ist (Siefken 2010, S. 27).

Die Verwendung der Kleinen Anfrage im Deutschen Bundestag

50
45
40
35
30
25
20
15
10
5
0

CDU/FDP   CDU/FDP   CDU/FDP   CDU/FDP   SPD/GR   SPD/GR   CDU/SPD   CDU/FDP   CDU/SPD

Regierungsparteien von 10. WP (links) bis 18. WP (rechts)

▨ Oppositionsfraktionen   ■ Regierungsfraktionen   ☐ Regierungs- und Oppositionsfraktionen

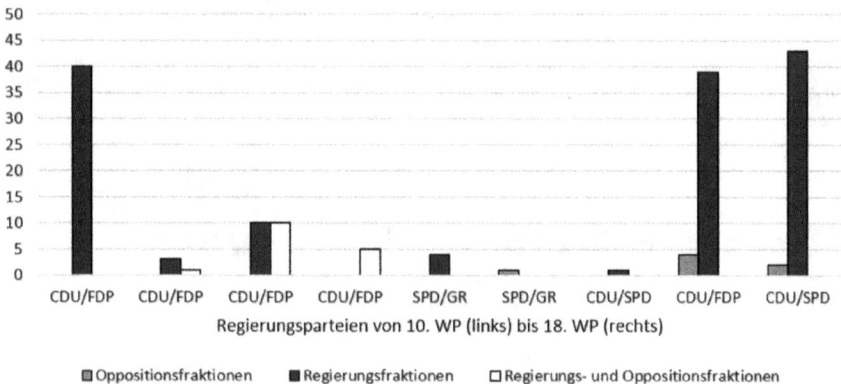

Abbildung 10 Zahl der interfraktionellen Kleinen Anfragen nach Wahlperiode und Regierungskoalition

Quelle: Eigene Darstellung. Datengrundlage: DIP.

Seltener werden KA von allen Fraktionen im Bundestag gestellt. Solche interfraktionellen KA sind zumeist formal oder humanitär begründet (ebd.). Noch seltener jedoch arbeiten Oppositionsparteien, trotz eventueller ähnlichen Kontrollinteressen, bei KA zusammen (Ismayr 2012, S. 238). Lediglich in der 18. und 17. WP lassen sich hier einige wenige Beispiele finden. Dies könnte darauf zurückzuführen sein, dass sich Oppositionsfraktionen in einer Konkurrenz und Wettbewerbssituation zueinander befinden und um Aufmerksamkeit sowie Erfolgsmomente buhlen.

Auch im allgemeinen Frageverhalten ist ein Unterschied von Opposition und Regierungsfraktionen festzustellen. Ein gutes Beispiel hierfür ist die FDP. Anschaulich lässt sich in Abbildung 11 aufzeigen, dass dich die Zahl der gestellten KA während der Koalition mit Kohls CDU um Null befindet. Mit dem Regierungswechsel zu Rot-Grün in der 14. WP steigt dieser Wert schlagartig an, bis er zur Zeit einer Großen Koalition in der 16. WP seinen Höchstwert erreicht und mit der FDP-Regierungsbeteiligung in der darauffolgenden WP wieder zurückfällt. Dieses Verhalten lässt sich auch für die grüne Bundestagsfraktion feststellen. Trotz des eifrigen Frageverhaltens in Oppositionszeiten, stellt die Fraktion bei Regierungsbeteiligung in der jeweiligen WP beinahe keine KA mehr. Für SPD und Union gilt dasselbe, wenn auch auf etwas niedrigerem Niveau. Auffallend ist auch, dass die Union, die SPD oder auch die FDP in der Rolle der Opposition weniger KA stellen als die Grünen oder gar die Linke. Dies könnte mit der ideologischen Radikalität bzw. systemkritischen Einstellung zusammenhängen.

Eine weniger systemkritische Einstellung könnte dann einhergehen mit einem gemäßigteren Einsatz von KA (Schiebe 2016, S. 62–63).

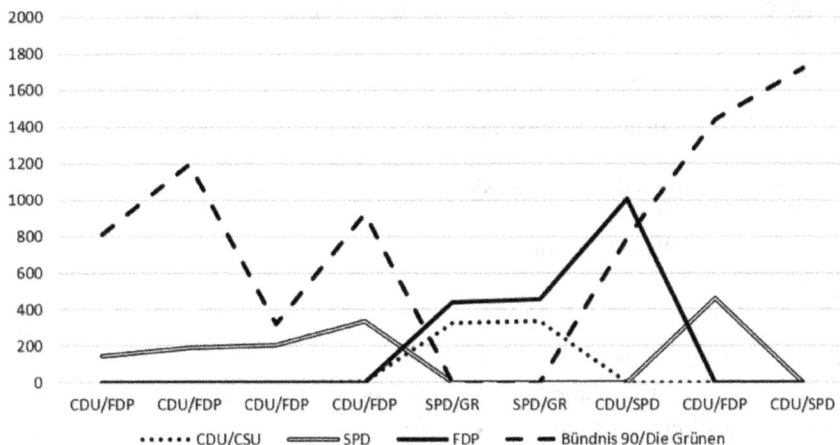

Abbildung 11 Kleine Anfragen pro Fraktion von der 10. bis 18. WP nach Regierungskoalitionen

Quelle: Eigene Darstellung. Datengrundlage: Deutscher Bundestag o.J., Kap. 11.1, S. 2–5; Schindler 1999, S. 2462 und für die 19. WP auf Grundlage des DIP.

4.5 Der 19. Deutsche Bundestag

In der bisherigen Analyse wurde die 19. WP nicht berücksichtigt, da diese noch nicht abgeschlossen ist. Allerdings ist der 19. Deutsche Bundestag in mehrfacher Hinsicht besonders. Mit der AfD existiert eine neue Oppositionsfraktion im Bundestag. Gleichzeitig ist die Anzahl der Mitglieder so hoch wie noch nie (Sturm 2017). Auch in der Regierungskoalition gibt es neue Entwicklungen. Die SPD ging nur widerwillig eine neue Große Koalition mit der Union ein (Siefken 2018b, S. 407). All dies rechtfertigt einen Blick in den aktuellen Stand der Parlamentsstatistik der laufenden 19. WP.

Mit Stand vom 28.08.2019 wurden insgesamt 4901 KA gestellt. Davon wurden zum 05.08.2019 insgesamt 4399 beantwortet. Von den gestellten KA kamen 1373 von der FDP-Fraktion, 1343 von der linken Bundestagsfraktion, 1309 von der AfD-Fraktion und 875 von der Fraktion Bündnis90/Die Grünen (s. Abbildung 12). Lediglich eine KA wurde interfraktionell von den Grünen und der Linken eingebracht. Die Union und die SPD stellten keine KA.

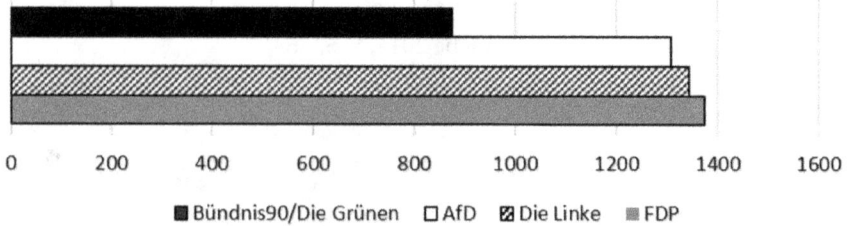

Abbildung 12 Anzahl der gestellten Kleinen Anfragen pro Fraktion in der laufenden
19. WP zum 28.08.2019
Quelle: Eigene Darstellung. Datengrundlage: Deutscher Bundestag 2019b.

Aus Abbildung 12 lassen sich einige neue Eigenschaften der 19. WP ablesen. Die FDP-Fraktion stellt im Vergleich mit ihrer bisherigen Parlamentspraxis besonders viele KA und überflügelt nach bisherigem Stand die KA-affine Linkspartei. Dieses Verhalten kann darauf zurückzuführen sein, dass die FDP nach dem verpassten Einzug in den Bundestag in der 18. WP besonders hohe Aktivität nachweisen und Aufmerksamkeit auf sich ziehen möchte. Die Linke stellt nach wie vor eine große Zahl an KA. Gleichzeitig kann ebenfalls festgestellt werden, dass die grüne Bundestagsfraktion im Vergleich mit den vergangenen Legislaturperioden eine geringere Anzahl an KA stellt.

Auch die AfD als jüngste Fraktion befindet sich auf ungefähr dem gleichen Frageniveau wie die Fraktion der Linken. Der Einzug der AfD in den Bundestag ist vor allem aus drei Gründen für das Frageverhalten interessant. Erstens existiert eine Fraktion mehr, welche das Fragerecht als Fraktionsrecht in Anspruch nimmt. Zweitens ist die Rolle der Opposition und die systemkritische Ideologie der AfD darauf angelegt, Kontrollinstrumente wie die KA in hohem Maße zu nutzen. Die FAZ bezeichnet die KA gar als einen der Wege, wie die AfD die Regierung „jagen" will, wie es AfD-Fraktionschef Gauland in einer Rede zum Parlamentseinzug ausdrückte (Jaeger 2018). Tatsächlich zeigen erste Analysen der parlamentarischen Arbeit der AfD-Fraktion in Landtagen, dass die AfD nach einer Gewöhnungs- und Lernphase große Aktivität beim Stellen von KA zeigt (Schroeder et al. 2017, S. 34). Durch die hohe Nutzung von KA kann sich die AfD in ihrer Selbst- und Außenwahrnehmung als die als einzige echte Opposition gegen die so genannten Altparteien profilieren, die die Regierung unter Druck setzt und vermeintliche Missstände aufdeckt und Lügen entlarvt (Ruhose 2018, S. 14). Der weitere Anstieg der KA in der 19. WP durch die AfD wurde bereits von Siefken im Jahr 2017 vermutet (2018a, S. 432). Drittens stellt er Überlegungen an, dass die dadurch gestiegenen Nutzungszahlen der formalen

Kontrollinstrumente zu einer Abnahme der informalen Kontrollinstrumente führen könnte. Im Ergebnis würde die parlamentarische Kontrolle damit öffentlicher werden, allerdings nicht unbedingt wirkungsvoller (ebd.).

Weiter ist es möglich, dass die anderen Fraktionen der AfD in nichts nachstehen wollen und den Anspruch der AfD, die „einzig wahre Opposition" (AfD-Fraktion Baden-Württemberg 2017) zu sein, ebenfalls durch ihre Anfragetätigkeit entkräften wollen, auch um sich dem Vorwurf, sie seien unkritischen Altparteien des Establishments ohne ideologische Differenzen, zu erwehren. Auch dies könnte bei der unüblichen hohen Zahl der KA der FDP-Fraktion eine Rolle spielen, erscheint aber mit Blick auf die geringe Zahl der KA der Grünen kontraintuitiv.

Die KA der AfD Fraktion betreffen vor allem die Themenbereiche um Migration und Flüchtlinge. Wie in Abbildung 13 zu sehen ist, bilden Ausländerpolitik und Zuwanderung, Aussenpolitik und Innere Sicherheit die drei häufigsten Themengebiete. Dies drückt den Markenkern der Partei aus. Auch bei KA, die nicht direkt Migration und Asyl zum Thema haben, ist stets eine Verbindung zu Flüchtlingsthemen sehen, so die bereits erwähnte FAZ Analyse (Jaeger 2018).

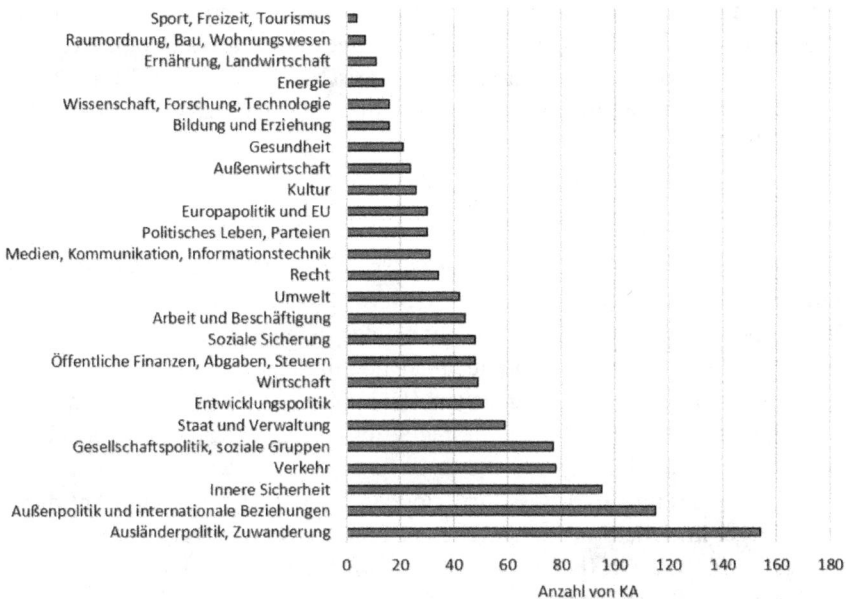

Abbildung 13 Themenschwerpunkte von Kleinen Anfragen der AfD-Fraktion in der 19. WP

Quelle: Eigene Darstellung. Datengrundlage: DIP.

Diese eher monothematische Ausrichtung ergibt eine Parallele zum Einzug der Grünen in den Bundestag. In beiden Fällen kam es zur Gründung einer neuen Oppositionsfraktion mit entsprechenden Auswirkungen auf die Anzahl der KA, die mit einer monothematischen Ausrichtung auftraten. Bei den Grünen war dies die Umweltpolitik, bei der AfD, nach dem Wegfall der Euro-Krise, vor allem die Flüchtlingsfrage. Grund hierfür könnte die Entstehungsgeschichte der beiden als Protestparteien sein, welche anfangs vor allem ein Thema in der öffentlichen Debatte besetzen können, anders als Volksparteien, die in allen Bereichen Kompetenzen vorweisen (müssen). Hinzukommt, dass die KA aufgrund ihres relativ leichten Verfahrens ein beliebtes Mittel von unerfahrenen Fraktionen sein könnte und nur geringe Eingewöhnungszeit benötigt. Doch auch in langjährigen Oppositionsfraktionen bleibt die KA ein viel genutztes Instrument.

Die seit 2013 anhaltende Große Koalition könnte ein weiter Grund für steigende KA sein. Bei den Oppositionsparteien könnte das Bewusstsein vorherrschen, gerade weil die Große Koalition durch ihre Mehrheit den parlamentarischen Prozess dominiert, dass sie nun mehr klassische Oppositionsarbeit betreiben müsse, um die Regierung so unter Druck zu setzen. Die dominierende Rolle der Großen Koalition im Vergleich zu Oppositionsparteien war bereits Teil der politikwissenschaftlichen und parlamentarischen Debatte (s. Schwarz 2013). Es ist daher nicht abwegig, dass auch dies eine Rolle im Verhalten der Opposition spielt.

4.6 Fristverlängerungen und Beantwortungsdauer

Die Frist von zwei Wochen für die Beantwortung Kleiner Anfragen ist knapp bemessen, vor allem in Hinblick auf den viel Zeit in Anspruch nehmenden Dienstweg und die Abzeichnungspflicht bei den beteiligten Stellen. Die Zeit zur eigentlichen Beantwortung fällt entsprechend kurz aus. Die Frist wird daher in der Praxis immer seltener eingehalten (Hölscheidt 1992, S. 56; Siefken 2010, S. 35). Laut Selbstaussage der Bundesregierung, in der jetzigen Wahlperiode, ist sie „auch vor dem Hintergrund der gestiegenen Anzahl der parlamentarischen Fragen in der 18. und 19. Legislaturperiode in der Lage, […] [Kleine Anfragen] in der Regel innerhalb der vorgegebenen Fristen zu beantworten" (Deutscher Bundestag 2018, S. 5). Im Bundestag oder im Kanzleramt gibt es keine zentrale Erfassung dieser Daten. So bleibt die Datengrundlage auf die wenigen KA beschränkt, die sich selbst mit dem Thema befassen. Der Spiegel berichtet aus einer Antwort der Bundesregierung auf eine Anfrage (Spiegel Online 2016b).

Demnach wurde bis Oktober 2016 für die 2946 gestellten KA 901-mal eine Fristverlängerung beantragt (s. Tabelle 5). Dies entspricht mit rund 30,5% fast einem
Drittel.

Eine nur auf das Jahr 2018 begrenzte Auskunft der Bundesregierung auf eine
KA der grünen Bundestagsfraktion ergibt aber ein etwas anderes Größenver-
hältnis als in der obigen Tabelle (s. Tabelle 6). Demnach betrug der Gesamtanteil
der nicht fristgerecht beantworteten KA etwas weniger als 9%. Zu beachten ist
aber, dass es sich hier nur um ein Jahr handelt, in der Aufstellung aus der 18. WP
um drei.

BMWi	AA	BMI	BMJV	BMF	BMAS	BMEL	
136	135	142	7	50	66	39	
(45,9%)	(49,6%)	(19,5%)	(10,6%)	(33,3%)	(35,6%)	(32,5%)	Gesamt
BMVg	BMFSFJ	BMG	BMVI	BMUB	BMBF	BMZ	
106	36	13	92	57	14	8	901
(59,8%)	(48%)	(10,9%)	(21,2%)	(28,6%)	(20,8%)	(14,8%)	(30,5%)

Tabelle 5 Beantragte Fristverlängerungen in der 18. Wahlperiode nach Ressort zum
19.10.16
Quelle: Absolute Zahlen: Deutscher Bundestag 2016, S. 19406, Anlage 4. Prozentanteile: Eigene
Berechnung mit Daten aus ebd. und DIP.

BMWi	AA	BMI	BMJV	BMF	BMAS	BMEL	
0	1	137	23	31	0	2	
(0%)	(0%)	(26%)	(24%)	(15%)	(0%)	(2%)	Gesamt
BMVg	BMFSFJ	BMG	BMVI	BMU	BMBF	BMZ	
6	0	0	6	1	0	4	211
(5%)	(0%)	(0%)	(2%)	(1%)	(0%)	(5%)	(8,8%)

Tabelle 6 Anzahl der von der Bundesregierung nicht fristgerecht beantworteten
Kleinen Anfragen im Jahr 2018
Quelle: Deutscher Bundestag 2019c, S. 1.

Es erscheint nicht nachvollziehbar, dass sich die Zahl der nicht fristgerecht beantworteten KA seit der vorausgegangenen WP maßgeblich verringert hat. Im Gegenteil, in der jetzigen WP hat sich der Bundestag nochmals vergrößert, sodass anzunehmen ist, dass die Bitten um Fristverlängerung nicht gesunken sind. Auch die Bundesregierung sieht diesen Zusammenhang gegeben. So heißt es vom Auswärtigen Amt in einer Antwort auf eine KA zur Bearbeitungszeit von KA:

> *„Die Vermehrung der Anfragen wie auch deren zunehmender Umfang muß [sic!] bei der bekannten angespannten Personallage des Auswärtigen Amtes auf die Bearbeitungsdauer erhebliche Auswirkungen haben. Das bedeutet: Je mehr Anfragen gestellt werden und je detaillierter gefragt wird, desto länger wird in Zukunft die Beantwortung dauern müssen"* (Deutscher Bundestag 1987, S. 2).

Zur benötigten Dauer der Bearbeitung selbst gibt es keine aktuellen Zahlen, da die Arbeitsaufteilung von Verwaltungsmitarbeitern nicht erfasst wird (Deutscher Bundestag 2018, S. 5). Laut einer Antwort der Bundesregierung auf eine KA der grünen Bundestagsfraktion in der 11. WP lag die durchschnittliche Bearbeitungszeit der Bundesregierung für eine KA zwischen Januar 1986 und November 1987 bei 37,4 Tagen, also deutlich länger als die von der Geschäftsordnung vorgesehenen zwei Wochen. Dabei werden Anfragen von den Grünen im Durchschnitt nach 39,6 Tagen, die der Linken nach 24,1 und die nur gemeinsam eingebrachten KA von Union und SPD nach 30,2 Tagen beantwortet (Deutscher Bundestag 1987, S. 3).

Auch aus der grünen Bundestagsfraktion werden eigene Aufstellungen gemacht. Demnach habe die Bundesregierung mehr als die Hälfte der bisherigen KA in der 18. WP nicht fristgerecht beantwortet. Ungefähr jede dritte Antwort der Fraktion würde mehr als zwei Tage nach Fristende eingehen (Neumann 2017).

4.7 Umfang und Belastung

Es gibt keine Erfassungen der objektiven Belastung oder Ressourcenbindung durch KA. An dieser Stelle soll der Versuch unternommen werden durch objektive Zahlen eine Annäherung zu finden. Zunächst wird hierfür die Belastung dargestellt, die durch den Umfang, also die Anzahl der Fragen, von KA entsteht. Als Annäherung an den Umfang wird die Seitenzahl der Antworten der KA in der 18. WP verwendet, da angenommen wird, dass eine umfangreichere KA mit mehr Fragen auch eine längere Antwort benötigt. Zu beachten ist, dass meist Tabellen Teil der Antworten sind, die Seiten also nicht mit reinem Fließtext beschrieben sind. Die Seitenzahl lässt sich trotzdem als Annäherung der

Belastung auffassen, da auch die Tabellen und Anhänge erarbeitet werden müssen. Die durchschnittliche Antwort auf eine KA in der 18. WP war 16,6 Seiten lang. Allerdings täuscht dieser Durchschnittswert über die enorme Spannbreite zwischen den KA hinweg. Die niedrigste Seitenzahl beträgt zwei, die höchste 1062 Seiten. Dieser Wert kann jedoch als Ausreißer klassifiziert werden, da die zweithöchste Seitenzahl 698 beträgt. Allerdings kommen solch hohe Seitenzahlen im Vergleich nur selten vor. Fast die Hälfte der Antworten bestehen aus zehn oder weniger Seiten und bereits nur ca. 10% sind 30 Seiten oder weniger lang. Nur 5,5% der Antworten sind 40 Seiten oder länger und Antworten mit 100 oder mehr Seiten der Beantwortung kommen gar nur auf einen Anteil von 1,3%. Nach Fraktionen aufgeschlüsselt benötigen KA der Linken im Schnitt 17 Seiten, die der Grünen mit 16,5 etwas weniger, um beantwortet zu werden. Die interfraktionellen KA fallen aufgrund der geringen Fallzahl nicht ins Gewicht.

Es scheint also, dass der Umfang der KA allein betrachtet nicht hoch erscheint. Allerdings können auch KA mit geringem Umfang, wenn sie häufig vorkommen, eine hohe Arbeitsbelastung auslösen. Deswegen wird als zweite Art der Belastung die Belastung durch die Anfragezahlen illustriert. Hierfür wird als Indikator ein Belastungsquotient (BQ) entwickelt. Durch den BQ wird das Verhältnis von Anfragezahlen von KA pro Ressort und den Beschäftigtenzahlen eines Ressorts dargestellt. Der Quotient wird für das Jahr 2018 berechnet. Die Anzahl von KA in einem Jahr ist aus dem DIP erkenntlich. Die Zahl der Beschäftigten wird den Bundeshaushaltsplänen entnommen. Dort wird jeweils für das vorangegangene Jahr die Ist-Besetzung zum 01. Juni angegeben. Für die Berechnung des Quotienten werden allerdings nur die Stellen von Beamten des höheren und gehobenen sowie den Äquivalenten im Angestelltenverhältnis berücksichtigt. Es wird angenommen, dass Beamte der B-Besoldung und übertarifliche Angestellte nicht mit der Beantwortung in großem Maße zu tun habe, sondern vor allem Referentinnen und Referenten und Sachbearbeiter/-innen dafür zuständig sind.

Das Ergebnis der Berechnung des BQ ist in Abbildung 14 zu sehen. Es existiert eine große Differenz im Verhältnis von Beschäftigten und zu beantwortenden KA. Auf eine KA kommen etwa im Verteidigungsministerium etwas mehr als 14 Beschäftigte. Allerdings sind dort die im Ministerium eingesetzten Soldatinnen und Soldaten der entsprechenden Besoldungsgruppen von höherem und gehobenem Dienst einbezogen, was den vergleichsweisen hohen Wert etwas erklären könnte. Auch das Bundesministerium für Bildung und Forschung (BMBF) und das Bundesministerium für wirtschaftliche Zusammenarbeit und Entwicklung (BMZ) weisen ein im Vergleich günstiges Verhältnis auf. Die Ressorts mit dem ungünstigsten Verhältnis sind das BMI mit 1,7 Beschäftigten pro

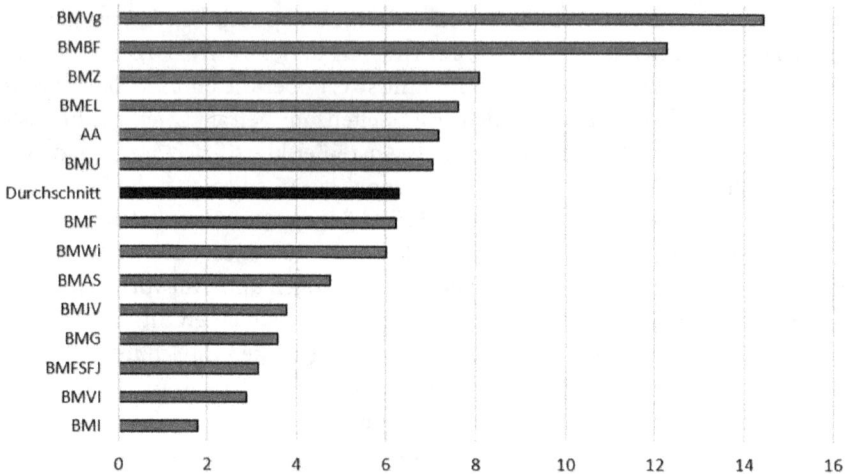

Abbildung 14 Verhältnis von Beschäftigten und Anzahl Kleiner Anfragen im Jahr 2018
Quelle: Eigene Berechnung. Datengrundlage für die Zahl der Beschäftigten: Bundeshaushaltsplan 2019. Für die Zahl der KA: DIP.

KA, das Bundesministerium für Verkehr und digitale Infrastruktur (BMVI) mit 2,8 Beschäftigten pro KA und das Bundesministerium für Familie, Senioren, Frauen und Jugend (BMFSFJ) mit einem Wert von 3,1. Im Durschnitt aller Ressorts kommen 6,3 Beschäftigte auf eine KA.

Vergleicht man die Zahl der Fristverlängerungen aus dem Jahr 2018 mit den BQ fällt auf, dass die Ergebnisse nur eingeschränkt übereinstimmen. Für das Bundesinnenministerium kann ein Zusammenhang bestätigt werden. Das Innenministerium mit den meisten nicht fristgerecht beantworteten KA ist das Ministerium, in dem die wenigsten Beschäftigten auf eine KA kommen. Auch das Bundesministerium für Justiz und Verbraucherschutz (BMJV) mit dem zweithöchsten Anteil an nicht fristgerecht beantworteten KA befindet sich noch im niedrigsten Drittel. Aus dem Rahmen fallen das Finanz- und Gesundheitsministerium.

5 Zwischenfazit

In den obigen Ausführungen wurden zunächst die rechtlichen und theoretischen Eigenschaften des Fragerechts und der KA als Instrument des Fragerechts beleuchtet, bevor anhand der Parlamentsstatistik der Gebrauch der KA durch die Abgeordneten aufgezeigt wurde. Die KA wird vor allem von der Opposition verwendet, da diese auf formale Instrumente angewiesen ist, weil ihr die informale Kontrolle der Regierungsfraktionen nicht offensteht. Die Oppositionsparteien arbeiten in den wenigsten Fällen, trotz gleichem Interesse an einer wirkungsvollen Kontrolle der Regierung, zusammen. Überfraktionelle KA werden zumeist von den Regierungsfraktionen gestellt, um die Erfolge der eigenen Arbeit in den Fokus zu rücken. Thematisch herrscht im Allgemeinen in den jüngeren WP vor allem KA zu den Bereichen Verkehr und Innere Sicherheit vor. Seit dem Einzug der Grünen in den Bundestag, auch Umwelt.

Im Zeitverlauf konnte ein Anstieg der Gesamtzahl der KA beobachtet werden. In den letzten Wahlperioden wurden immer wieder Rekordwerte erreicht. Verschiedene Gründe für den Anstieg wurden identifiziert. Die Tendenz zur Verschriftlichung von Anfragen, die Zunahme der Staatstätigkeit und nicht zuletzt die Zunahme der Abgeordnetenzahl und der Fraktionszahl im Laufe der Zeit trugen zur Steigerung bei. In der laufenden 19. WP kommt es erneut zu einem starken Anstieg der Fragezahlen von KA. Mit einer zusätzlichen systemkritischen Oppositionspartei scheint die oppositionelle Konkurrenz größer zu werden, was sich auch auf die KA auswirkt. So kann beobachtet werden, dass die Zahl der KA in der laufenden 19. WP bereits nach der Hälfte ihrer Dauer die Gesamtzahl der KA der letzten WP überholt hat. Die steigende Zahl von KA ging nicht mit einer Erhöhung der Personalkapazitäten einher, sodass objektiv eine Zunahme der Belastung beobachtet werden kann, die sich allerdings ungleich auf die verschiedenen Ressorts verteilt.

Während obiger Abschnitt mithilfe der Parlamentsstatistik einer objektiven Annäherung an die Belastung dient, wird im zweiten Teil dieser Arbeit die subjektive Wirkung der dargestellten Erhöhung der KA auf die Mitarbeiter/-innen in der Ministerialverwaltung und die Auswirkungen auf Performanz und Funktionsfähigkeit untersucht.

6 Die Wirkung der Kleinen Anfrage auf die Ministerialbürokratie

6.1 Das Verhältnis von Informationsrechten und einer funktionierenden Verwaltung

6.1.1 Die nicht geringfügige Beeinträchtigung der Funktionsfähigkeit

So hoch das parlamentarische Kontrollrecht als Gut einzuschätzen ist, gilt auch dieses nicht uneingeschränkt (s. Kapitel 2.3). In der rechtswissenschaftlichen Diskussion wird debattiert, ob die Beeinträchtigung der Funktionsfähigkeit eine Grenze der Fragetätigkeit begründet bzw. ob mit Verweis auf die Funktionsfähigkeit der Regierung die Beantwortung einer Anfrage verweigert werden kann.[11] Aus verfassungsimmanenten Prinzipien kann eine Abwägung zwischen Informationsrecht und Funktionsfähigkeit begründet werden. Ein demokratischer Rechtstaat, wie er in Art. 28 I 1 GG festgeschrieben ist, benötigt notwendigerweise eine funktionsfähige Verwaltung (Brenner 2009, S. 39), denn die Regierung hat in einem demokratischen Rechtsstaat die Pflicht ihren verfassungsmäßigen Aufgaben nachzukommen (BVerfGE 9, S. 268/281). Dies wäre nicht gegeben, wenn die Anfragepraxis eine Überlastung der Regierung auslösen würde, die eine „nicht geringfügige Beeinträchtigung der Funktionsfähigkeit " (Brenner 2009, S. 39) darstellt und die Regierung nicht „die anstehenden Aufgaben einer hochkomplexen Gesellschaft in befriedigender Weise erfüllen" (Stadler 1984, S. 10) kann. Nach dieser Abwägung, die so vom BayVerfGH (VerfGHE 54, S. 62/75) entwickelt wurde, kann die Regierung dem Fragerecht den Umfang der Anfragen, den Umfang der Informationsrecherche und -aufbereitung sowie Dringlichkeit entgegenstellen (Lennartz und Kiefer 2006, S. 192). Urteile der Landesverfassungsgerichte von Nordrhein-Westfalen (NWVerfGH, NVwZ 1994, S. 678/679) und des Saarlands (SaarlVerfGH, Urt. v. 31. 10. 2002 (Lv 1 / 02), Rn. 26) unterstützen diese Argumentation. Zudem kann die Meinung vertreten werden, dass ein Anfrageverhalten, welches die Regierung in nicht geringem Maße dazu zwingt, operative Aufgaben zurückzustellen und sie somit ihre verfassungsmäßigen Aufgaben nicht mehr oder nur in stark begrenztem Maße ausführen könnte, gegen das Prinzip der Organtreue verstößt, welches ein Gebot

---

11 So z.B. Hölscheidt (1992, S. 47) und Brenner (2009), aber widersprechend Lennartz und Kiefer (2006, S. 192 ff).

der Rücksichtnahme zwischen den Verfassungsorganen postuliert (Zeh 1978, S. 621).[12] Verfassungsorgane müssen daher durch diese Rücksichtnahme die Aufgaben des anderen Organs respektieren, um eine „bestmögliche Verwirklichung des Gemeinwohls zu erreichen" (Teuber 2007, S. 219). Der Aufwand einer KA dürfe daher die Funktionsfähigkeit der Regierung bzw. „die Handlungsfähigkeit der angefragten Struktureinheit" (Wolf 2017, S. 42) nicht gefährden. Die Auflösung dieses Spannungsfelds liegt normalerweise in den Händen der Parlamentarier im Rahmen der Selbstkontrolle (ebd., S. 33–34).

Was aber stellt eine nicht nur geringfügige Beeinträchtigung der Funktionsfähigkeit dar? Unbestritten ist, dass, nur weil eine KA erheblichen Aufwand auslöst, noch keine nicht geringfügige Beeinträchtigung der Funktionsfähigkeit vorliegt. Die Ministerialverwaltung muss auf solche Anfragen eingestellt sein und die Bindung von Ressourcen einplanen. Dies gilt auch für Anfragen, die mit einem besonders hohen Zeitaufwand verbunden sind (Lennartz und Kiefer 2006, S. 192). Allerdings ist auch zu beobachten, dass Stellen in der Verwaltung abgebaut wurden (Berlinger et al. 2016, S. 2), bei gleichzeitig stark wachsenden Anfragezahlen. Normalerweise ist davon auszugehen, dass die Personalmittel, die den Ministerien vom Haushaltsgesetzgeber bereitgestellt werden, grundsätzlich ausreichen, um die verfassungsmäßigen Aufgaben der Verwaltung zu erledigen, insbesondere da er dazu „gehalten ist, am Maßstab des Gesetzes ausgerichtete Erfüllung staatlicher Aufgaben Sorge zu tragen und hierfür mit Blick auf den Haushalt die entsprechenden Mittel anzusetzen" (Brenner 2009, S. 44). Wird aber nun durch die Beantwortung von (Kleinen) Anfragen ein so großer Arbeitsaufwand notwendig, dass die anderen genuinen Aufgaben der Ministerialverwaltung in erheblichen Maße[13] zurückgestellt und nicht bearbeitet werden oder in dem Maße, dass neues Personal eingestellt werden müsste, um alle Aufgaben ordnungsgemäß zu erledigen, kann von einer nicht geringfügigen Beeinträchtigung gesprochen werden. Ein weiteres Kriterium hierfür dürfte die erkennbare Außenwirkung der Beeinträchtigung sein, die eine nicht mehr nur geringfügige Beeinträchtigung darstellt (ebd., S. 44–46). Es bleibt damit dieser

---

12 Im Übrigen sieht auch das Verwaltungsverfahrensgesetz in §17 eine Verfahrenserleichterung bei gleichförmigen Eingaben zur Entlastung der Verwaltung vor. Hierbei handelt es sich zwar um einen anderen Sachverhalt, allerdings lässt sich erkennen, dass der Erhalt der Funktionsfähigkeit der Verwaltung auch in anderen Rechtskontexten ein anerkanntes Rechtsgut ist (Brenner 2009, S. 42).

13 Brenner (2009, S. 45) spricht von mehr als nur einige Stunden oder Tage. Es ist wohl schwierig eine genaue Zeitangabe zu finden. Vielmehr muss auf die konkreten Auswirkungen für die Aufgabenerledigung abgezielt werden.

Arbeit überlassen, die Gründe für die Belastung durch das Frageverhalten der Abgeordneten abzufragen und die Auswirkungen dieser Arbeitsbelastung zu identifizieren.

Ebenfalls in Betracht kommen könnte das vom BVerfG explizit bestätigte Missbrauchsverbot des Fragerechts (BVerfGE 30, 1/31; 70, 324/365). Eine große Fragetätigkeit allein dürfte aber noch lange keinen Missbrauch darstellen. Missbräuchlich dagegen können sehr wohl solche Fragen sein, die mit Absicht versuchen, die Verwaltung unnötig zu beschäftigen oder wiederholt eingereicht werden. Dies wird allerdings nur sehr schwer nachzuprüfen sein, da es im Ermessen der Abgeordneten liegt, festzustellen, welche Informationen sie für ihre Tätigkeit benötigen (BVerfGE 124, S. 161, Rn. 146). Im Zweifel müsste wohl das Informationsrecht höher gewichtet werden als ein irgendwie gearteter nur schwer beweisbarer Verdacht auf Missbrauch.

6.1.2 Arbeitsbelastung, Performanz und Funktionsfähigkeit

In der obigen Erörterung des Spannungsverhältnisses von Funktionsfähigkeit der Verwaltung und parlamentarischen Auskunftsrechten war die Rede von Anfragen, die die Funktionsfähigkeit einschränken, ohne diese Dynamik näher zu erläutern. Daher soll in diesem Kapitel das Konstrukt Arbeitsbelastung definiert und theoretische Überlegungen zu seiner Wirkung auf Performanz und Aufgabenerledigung skizziert werden, auf deren Grundlage Vermutungen über die Wirkung der KA angestellt werden können. Diese werden wiederum unter anderem in der Befragung dieser Arbeit überprüft.

Für Arbeitsbelastung, in der englischen Literatur *workload* genannt, existiert keine allgemeingültige Definition (Yeh und Wickens 1988, S. 111; Cain 2007, S. 3). Im Sinne dieser Arbeit kann Arbeitsbelastung gelten als „a mental construct that reflects the mental strain resulting from performing a task under specific environmental and operational conditions, coupled with the capability of the operator to respond to those demands" (Cain 2007, S. 3). Damit ergeben sich drei Ebenen der begrifflichen Bestimmung. Erstens wird Arbeitsbelastung von den Anforderungen einer konkreten Aufgabe ausgelöst (hier die Beantwortung einer KA), die zweitens unter bestimmten Umweltbedingungen bearbeitet werden müssen (hier z.B. die Bearbeitungsfrist von zwei Wochen), verbunden mit der Eigenschaft des Bearbeitenden diese Anforderungen zu begegnen (hier z.B. Ressourcenverfügung wie Zeit, Arbeitsplatz, kognitive Fähigkeiten etc.). Im Übrigen ist hier immer von der *mentalen* Arbeitsbelastung die Rede, da angenommen wird, dass die Tätigkeiten in der Ministerialverwaltung mentale Ressourcen beanspruchen und beispielsweise keine hohe physische Belastung auslösen.

Diese Definition impliziert, dass Ressourcen eingesetzt werden müssen, um eine Aufgabe zu erledigen (Wickens 1981, S. 1). Der Ressourceneinsatz hat Auswirkungen auf die Performanz, das heißt, wie gut bzw. schlecht die Aufgabe erledigt wird. Werden mehr Ressourcen für eine Aufgabe eingesetzt, erhöht sich die Performanz und ein besseres Arbeitsergebnis kommt zu Stande. Werden Aufgaben schwieriger, erhöht sich die Arbeitsbelastung, da die Bearbeitung einen größeren Ressourceneinsatz, also eine größere Anstrengung von Seiten der Bearbeitenden benötigt (Yeh und Wickens 1988, S. 112–113). Dem Menschen stehen bei der Bearbeitung von Aufgaben verschiedene Ressourcenquellen zur Verfügung. Allerdings sind diese Ressourcen nur begrenzt vorhanden (Wickens 2002, S. 160). Erfordern zwei Aufgaben die gleiche Ressourcenstruktur zur selben Zeit, so konkurrieren die Aufgaben um die Ressourcen und diese müssen zwischen den Aufgaben aufgeteilt werden. Die Folge ist allerdings eine Verschlechterung der Performanz, da Ressourcen, die für eine Aufgabe verwendet werden, nicht mehr für die andere Aufgabe zur Verfügung stehen (Kramer et al. 1987, S. 146; Manzey 1998, S. 807). Ressourcen sind damit limitiert und zwischen Aufgaben teilbar. Je nach Ressourcenallokation wird damit die Aufgabe, der weniger Ressourcen zur Verfügung gestellt werden, schlechter ausgeführt oder aber diese benötigt mehr Zeit, um die gleiche Performanz zu erreichen, da weniger Ressourcen eingesetzt werden. Für diese angenommene Beziehung zwischen Ressourcenteilung und Performanz lassen sich auch empirische Hinweise finden. In mehreren Studien konnte nachgewiesen werden, dass, wenn die Priorität einer Aufgabe, die zeitglich mit einer anderen Aufgabe erledigt werden muss, erhöht wird, die Performanz der priorisierten Aufgabe stieg. Dies ging allerdings mit einer Senkung der Performanz der anderen Aufgabe einher (Tsang und Vidulich 2006, S. 246). Die Ressourcenallokation auf mehrere Aufgaben, die nach der gleichen Ressourcenstruktur verlangen und gleichzeitig bearbeitet werden sollen, erfolgt durch die oben genannte Priorisierung, die verkürzt ausgedrückt eine Kosten-Nutzen-Abwägung darstellt (Kurzban et al. 2013, S. 664). Damit wird abgewogen, welche Ressourcenallokation am wenigsten Kosten verursacht. Anders ausgedrückt wird entschieden, welche Aufgabe „schlechter" ausgeführt werden kann. Kosten in dieser Gleichung können beispielsweise Sanktionen sein, die der Bearbeitende bei schlechter Performanz zu erwarten hat.

In den vorherigen Kapiteln konnte gezeigt werden, dass die Häufigkeit und auch die Intensität von KA deutlich zugenommen hat. Davon kann abgeleitet werden, dass KA auch mit einer höheren Frequenz beantwortet werden müssen. Dies wiederum dürfte mehr Ressourcen binden und hat konkrete Auswirkungen auf die Performanz der Ministerialverwaltung. KA müssen während des normalen Tagesgeschäftes der Ministerialbeamten erledigt werden. Es kann angenommen werden, dass die Beantwortung von KA annähernd die gleichen Ressourcen benötigt wie die anderen Aufgaben des Tagesgeschäfts. Dies sind zum Beispiel Personal, Zeit, Aufmerksamkeit, Hardware wie Computer, Telefon etc. Weiter kann angenommen werden, dass die Beantwortung von KA einen hohen Stellenwert in der Bearbeitungshierarchie einnimmt (Siefken 2010, S. 28), da diese zum einen *de lege lata* innerhalb zwei Wochen beantwortet sein müssen und zum anderen vom Parlament (wenigstens aber von der fragenden Person/ Fraktion) geprüft werden und unter Umständen bei mangelnder Qualität auch vom Parlament öffentlichkeitswirksam gerügt[14] oder in weiteren Frageverfahren nachgehakt werden kann (Siefken 2010, S. 29–30). Die Auswirkungen des Mangels an Zeit für andere Fachaufgaben sind dagegen *vorerst* nicht genau zu beobachten und werden zunächst nicht in die breitere Öffentlichkeit getragen. Somit sind die zu erwartenden Kosten bei einer Nichtbearbeitung oder qualitativ schlechten Bearbeitung KA höher als bei der qualitativ schlechteren Bearbeitung anderer Fachaufgaben. In diese Kosten-Nutzen-Rechnung mag auch der Umstand einfließen, dass sich die Verwaltung durchaus als Teil der freiheitlich-demokratischen Struktur des politischen Systems sieht und den Kontrollanspruch des Parlamentes als Teil der Gewaltenteilung nicht in Frage stellt. Als Ergebnis dieser Abwägung wird für die Beantwortung von KA ein erheblicher Teil der verfügbaren Ressourcen in einem Referat für die Beantwortung bereitgestellt werden. Diese Ressourcen sind meistens Arbeitszeit und Personal, welche wiederum nicht für andere Fachaufgaben zur Verfügung stehen, die unter Umständen von der Ministerialverwaltung als drängender angesehen werden, aufgrund der hohen Kosten einer Nichtbeantwortung von KA aber nicht bearbeitet werden können.

So lassen sich aus obigen Ausführungen zwei Vermutungen über die Auswirkungen einer hohen Arbeitsbelastung durch die Beantwortung von KAs anstellen. Zum einen leidet die Performanz bzw. Qualität der Aufgaben, die von der Ministerialverwaltung zu erledigen sind, da zusätzliche Ressourcen auf die Beantwortung von KA allokiert werden müssen. Werden die Ressourcen nicht aufgeteilt und der Beantwortung der KA kommt die volle Ressourcenallokation zu, werden die anderen Fachaufgaben nicht bearbeitet. Dies könne die Funktionsfähigkeit der Verwaltung nicht nur geringfügig beeinträchtigen, da dadurch das Ministerium nicht mehr ordnungsgemäß seinen Aufgaben nachkommen kann. Ist dies der Fall, ergibt sich die Notwendigkeit einer Geschäftsordnungsänderung, um die Belastung abzumildern. Dass dies keine reinen theoretischen

---

14 Siehe z.B. Spiegel Online (2015).

Überlegungen sind, zeigt eine Antwort der Bundesregierung auf eine KA aus dem Jahr 2018:

> *„Die Beantwortung parlamentarischer Fragen bindet allerdings in den betroffenen Ressorts und insbesondere in Bereichen von aktuellen Politikschwerpunkten zunehmend erhebliche Arbeitskapazitäten. Dies führt dazu, dass zunehmend andere operative Tätigkeiten zurückgestellt werden müssen"* (Deutscher Bundestag 2018, S. 5)

Zum anderen könnte durch die erhöhte Belastung die Antwort auf die KA selbst qualitativ schlechter werden. Personen, die einer hohen Arbeitsbelastung ausgesetzt sind, tendieren dazu, ihre Aufgaben schlechter zu bearbeiten und mehr Fehler zu machen (Casner und Gore, S. 1). Dadurch könnte die Unzufriedenheit der Abgeordneten der Opposition, auch mit der dann länger dauernden Bearbeitungszeit, größer werden (Spiegel Online 2016a, 2016b).

6.2 Untersuchungsmethode und Analyseverfahren

6.2.1 Vorgehen

Aus den offiziellen Parlamentsstatistiken ist nicht ersichtlich, wie sich das Frageverhalten auf die Ministerialverwaltung auswirkt. Es erscheint naheliegend, die Betroffenen, die mit der Fragetätigkeit und dem Anstieg der KA unmittelbar zu tun haben, zu befragen. Im Rahmen dieses Forschungsvorhabens muss die Stichprobe allerdings begrenzt werden, daher wurden nicht alle Bundesministerien befragt. Da die Belastung sicherlich ungleich auf die Ressorts verteilt ist, werden die drei nach dem BQ am stärksten belasteten Ressort ausgewählt, um eine Befragung durchzuführen, also die Ministerien, die die höchste Dichte an KA pro Mitarbeiter besitzen. Dies sind das BMI, das BMVI und das BMFSFJ. Der Grund für diese Auswahl liegt auch daran, dass angenommen wird, dass die Motivation zur Teilnahme an der Befragung durch den „Leidensdruck" höher sein könnte und dadurch höherer Rücklauf generiert werden kann. Zudem wurde angenommen, dass die stärker von dieser Problematik Betroffenen mehr Input liefern könnten in Bezug auf Ursachen und Auswirkungen der KA in ihren Referaten.

Innerhalb dieser drei Ministieren wurden die Referatsleiter/-innen der Fachreferate sowie die Leiter/-innen der Parlamentsreferate befragt. Dies hat zweierlei Gründe. Erstens sind die Referatsleiter über alle Vorgänge in ihren Referaten informiert, dies schließt explizit KA mit ein, die über den Dienstweg an die Referatsleitung gehen. Gleichzeitig sind diese zweitens leichter durch die Organigramme der Ministerien zu identifizieren als die Fachreferenten. Es konnten insgesamt 302 Referatsleiter/-innen identifiziert werden. Diesen wurde eine

E-Mail mit Anschreiben und Link zur Befragung, die zuvor mit dem Online-Befragungstool Unipark erstellt worden war, zugeschickt. Soweit möglich wurde der Link an die persönlichen Mailadressen gesendet. War diese nicht zu ermitteln, wurde die Mail an das Referatspostfach geschickt.

84 Personen beantworteten den Fragebogen, acht davon antworteten nur in den ersten Fragen, sodass effektiv 76 Personen an der gesamten Befragung teilnahmen. Dies entspricht eine Rücklaufquote von 25%. Die geringe Rücklaufquote kann mit dem Arbeitspensum der Bundesministerien und vielen allgemeinen oder wissenschaftlichen Anfragen erklärt werden. Der Rücklauf ist sicherlich unbefriedigend, bietet aber dennoch eine brauchbare Grundlage, auf der die explorativen Forschungsfragen dieser Arbeit beantwortet werden können.

Durch eine Kontrollgruppe soll eingeschätzt werden, ob die subjektiven Belastungsangaben als verlässlich einzustufen sind. Es könnte die Tendenz geben, dass die Befragten ihre Arbeitslast höher angeben als sie ist, etwa um durch Klagen Mitleid zu erregen oder um Bewunderung für ihre „harte" Arbeit zu erlangen. Diese Tendenz zum Jammern könnte eine Verzerrung der Ergebnisse herbeiführen. Daher wird den zwei am wenigsten mit KA belasteten Bundesministerien, dem BMBF und dem BMZ[15], der Fragebogen ebenfalls zugeleitet. Diese Angaben dienen dazu, die Angaben der subjektiven Belastung zu überprüfen. So müsste die Arbeitsbelastung geringer ausfallen als bei den stärker belasteten Ressorts. Der Rücklauf der Kontrollgruppe ist mit 24 von 165 Personen und damit 15% geringer ausgefallen als der Rücklauf der Versuchsgruppe. Aufgrund der geringen Fallzahl wird daher im Folgenden davon abgesehen, einen weitergehenden Vergleich der beiden Gruppen anzustellen. Lediglich im Bereich der Arbeitsbelastung sollen die beiden Gruppen verglichen werden und die geringe Fallzahl im Hinterkopf behalten werden.

In der weiteren Auswertung der Antworten auf den Fragebogen dieser Arbeit werden einfache deskriptive Statistiken eingesetzt und die prozentualen Häufigkeiten berechnet, um die Angaben auszuwerten. Dargestellt wird die gerundete Häufigkeitsverteilung in Prozent. Kleine Abweichungen von der Summe von 100% sind daher möglich. Darüberhinausgehende statistische oder mathematische Verfahren werden im folgenden Unterkapitel bei Bedarf erläutert.

---

15 Das BMVg besitzt das günstigste Verhältnis laut dem BQ. Aufgrund der Schwierigkeiten Kontaktadressen zu ermitteln, wurde dieses übersprungen und stattdessen das BMZ angeschrieben.

Aufgrund der teils politisch sensiblen Fragen werden die Antworten der befragten Ministerien zusammengefasst, um das Vertrauen auf Anonymität bei der kleinen Anzahl an befragten Ressorts nicht zu gefährden.

6.2.2 Operationalisierung und Fragebogenkonstruktion

Grundsätzlich lassen sich vier Ziele der Befragung identifizieren. Erstens sollen die Befragten konkrete Angaben zu ihrem Arbeitspensum und der damit verbundenen Arbeitsbelastung geben, um die Belastung durch die aktuelle Fragetätigkeit einschätzen zu können. Zweitens sollen die Auswirkungen des oben beschriebenen Frageverhaltens, insbesondere des hohen Anstiegs der Anfragezahlen, identifiziert und das Ausmaß der Beeinträchtigung der Funktionsfähigkeit ausgemacht werden, um damit einschätzen zu können, inwiefern die jetzige Praxis der Fragetätigkeit die Verwaltung bei der Ausführung anderer Aufgaben behindert. Drittens wird das Praxisverständnis der Beschäftigten in der Ministerialverwaltung bezüglich parlamentarischer Kontrolle und dem Gebrauch und der Wirkung von KA untersucht. Schließlich soll viertens die Reformbedürftigkeit des Verfahrens eingeschätzt und Reformvorschläge ausgearbeitet werden. So soll sich ein möglichst vollständiges Bild der Belastung der Ministerialverwaltung, deren Auswirkungen und die damit verbundenen Einstellungen der Beschäftigten in der Verwaltung ergeben. Im Folgenden wird genauer auf die vier Ziele eingegangen und die Operationalisierung einzelner Konstrukte erläutert.

Bearbeitung und Arbeitsbelastung

Zur Einschätzung des Arbeitspensums und der -belastung sollen die Teilnehmenden die Zahl der in ihrem Referat zu bearbeitenden KA in einem durchschnittlichen Monat und die durchschnittliche Bearbeitungszeit für eine KA angeben. Da nicht erfasst wird, wie sich die Anfragen verteilen kann hiervon ebenfalls abgeleitet werden, wie viel KA im Schnitt von Fachreferaten beantwortet werden müssen und wie viel Arbeitszeit dies umfasst.

Der zweite Teil des Unterpunktes Bearbeitung und Arbeitsbelastung konzentriert sich auf die die Bearbeitungsfrist. In der Literatur wird eine Erhöhung der Bearbeitungsfrist gefordert (Siefken 2010, S. 36). Gleichzeitig sind Klagen wegen nicht eingehaltener Fristen an der Tagesordnung. Daher wird gefragt, ob die Teilnehmenden die offizielle Frist von zwei Wochen für ausreichend halten. Sollte dies nicht der Fall sein, werden sie gebeten eine ausreichende Frist vorzuschlagen. So kann festgestellt werden, welche Gesamtbearbeitungszeit realistisch erscheint, auch in Hinblick auf später andiskutierte Reformvorschläge.

Zu beachten ist, dass das Gros der KA in den Referaten nicht komplett bearbeitet wird, sondern die Referate diejenigen (Teil-)Fragen beantworten, die in ihren
Fachbereich fallen. Somit fallen Übermittlungsvorgänge nicht nur bei der Über-
mittlung von Bundestag zu Bundeskanzleramt und Fachministerium an, sondern
auch innerhalb eines Ministeriums, in dem verschiedene Referate Zuarbeit leisten.
Die Frist dürfte dadurch kaum eingehalten werden (Siefken 2010, S. 35) und die
eigentliche Bearbeitungszeit damit weit unter der offiziellen Frist liegen (ebd., S. 28).
Daher werden die Teilnehmenden nach dieser reellen Bearbeitungszeit gefragt, die
ihnen im Referat für die Bearbeitung oder Zuarbeit verbleiben. In einem zweiten
Schritt wird gefragt, ob diese ausreicht, um die Beantwortung nach bestem Wissen
und Gewissen sicherzustellen. So kann nochmals die Belastung durch Fristen und
Zeitdruck geprüft werden.

Schließlich wird der obigen Definition folgend die Belastung, die durch die
Beantwortung von KA und den Rahmenbedingungen, wie Bearbeitungszeit, Personalressourcen etc., ausgelöst wird, abgefragt. Dies geschieht durch eine subjektive
Einschätzung der Befragten, welches die am weitverbreitetste Methode zur Erhe-
bung von Arbeitsbelastung darstellt (Hart und Staveland 1988, S. 139; Estes 2015,
S. 1176; Cain 2007, S. 7). Subjektive Messmethoden der Arbeitsbelastung konzentrieren sich auf die persönlichen Gefühle und Einschätzungen des Individuums,
nicht auf Aufgabe oder Performanz (Casner und Gore, S. 13), da es unerheblich
ist wie diese gestaltet sind, denn „if the person feels loaded and effortful, he is loaded and effortful whatever the behavioral and performance measures may show"
(Moray 1979, S. 105).[16]

Im Fragebogen wird zunächst nach der empfundenen Gesamtbelastung durch
die Beantwortung von KAs gefragt. Diese *overall workloade scale* (Vidulich und
Tsang 1987, S. 1057) misst die Arbeitsbelastung als eine eindimensionale Variable.
Tatsächlich können verschiedene Studien in Experimenten nachweisen, dass die
subjektive Einschätzungen der kognitiven Belastung der Testpersonen einherging
mit der objektiven Schwierigkeit der gestellten Aufgaben (Moray 1982, S. 28–30;
Bratfisch et al. 1972). Somit lässt sich der Schluss ziehen, dass Menschen durchaus in der Lage sind, ein diffuses Gefühl von Arbeitsbelastung bei einer Befragung konkret einzuschätzen.[17] Weitergehend wurde in verschiedenen Studien

---

16 Für eine kritische Auseinandersetzung mit verschiedenen Messinstrumenten der
    Arbeitsbelastung siehe Cain 2007.
17 Einschränkend ist anzumerken, dass in den erwähnten Experimenten nicht *workload*
    abgefragt wurde, sondern die wahrgenommene Schwierigkeit der Aufgabe. Moray (1982,
    S. 30) nimmt an, dass eine als schwierig eingeschätzte Aufgabe auch eine höhere mentale
    Belastung auslöst, weist aber auch auf die Problematik dieser Gleichsetzung hin.

aufgezeigt, dass mehrdimensionale Messungen der Arbeitsbelastung sich im Ergebnis nicht stark von einer unidimensionalen Messung unterscheiden (Hendy et al. 1993, S. 599; Vidulich und Tsang 1987, S. 1061).

Die allgemeine Gesamtbelastung soll aber genauer aufgeschlüsselt werden, um Ursachen für die Belastung identifizieren zu können. Diese werden aus dem Task Load Index (TLX) (siehe Hart und Staveland 1988) übernommen und angepasst, einem mehrdimensionalen Messinstrument für Arbeitsbelastung. Der TLX besteht aus sechs Dimensionen, von denen fünf abgefragt werden: *mental demand* (mentale Anforderung), *temporal demand* (zeitliche Anforderung), *performance* (Performanz), *effort* (Anstrengung) und *frustration* (Frustration) (ebd., S. 169, Abb. 8).[18] Den Befragten werden die Dimensionen mit einer kurzen Beschreibung vorgelegt und gebeten die Intensität auf einer numerischen 10er-Skala anzugeben. Die Operationalisierung der Arbeitsbelastung und Beschreibung der Dimensionen des TLX sind in Abbildung 15 zu sehen.[19] Die Antworten auf die Fragen des TLX werden zu einem ungewichteten Index zusammengefasst, indem das arithmetische Mittel berechnet wird. Dabei ist zu beachten, dass rein formell ein ordinales Skalenniveau vorliegt, die Skala aber als quasi-intervallskaliert angesehen wird. Im Gegensatz zum offiziellen TLX werden die Angaben nicht gewichtet, da gezeigt wurde, dass der gewichtete Durchschnitt keine besseren Annäherung an die Arbeitsbelastung liefert (Hendy et al. 1993, S. 599).

Durch den TLX-Index können die univariaten Angaben auf Konsistenz überprüft werden, indem eine Rangkorrelation (s. Neurath 1974, S. 152ff.) zwischen dem TLX-Index und der univariaten Belastungsangabe berechnet wird. Gleichzeitig erlaubt die Abfrage der einzelnen Dimensionen von Arbeitsbelastung nach dem TLX eine genauere Betrachtung der Ursachen für die gefühlte Arbeitsbelastung. Um die möglichen Unterschiede zwischen Versuchsgruppe mit hohem BQ und Kontrollgruppe mit niedrigem BQ zu untersuchen, werden die Werte der zentralen Tendenz angegeben. Da die Angaben als quasi-intervallskaliert angesehen werden, wird sowohl der Median als auch das arithmetische Mittel berechnet. Außerdem werden die Belastungsangaben der beiden Stichproben, mit Hilfe eines Mann-Whitney-U-Tests für ordinalskalierte und nicht normalverteilte Daten (s. Nachar 2008) auf signifikante Unterschiede untersucht.

---

18 Die sechste Dimension ist physische Anforderung. Auf diese Dimension wurde verzichtet, da anzunehmen ist, dass die physische Anstrengung bei der Büroarbeit von Verwaltungsmitarbeitern zu vernachlässigen ist.

19 Bei der Übersetzung der englischen Beschreibungen des TLX wurde auf die Übersetzung von Keith Vertanen vom *Department of Computer Science* des *Michigan Tech* zurückgegriffen, abrufbar unter: https://www.keithv.com/software/nasatlx/nasatlx_german.html (letzter Zugriff 04.10.19) und leicht an die Bearbeitung von KA angepasst.

Arbeitsbelastung (*workload*)	Unidimensionale Arbeitsbelastung	Gesamtbelastung	Wie hoch ist die gesamte Arbeitsbelastung, die durch die Bearbeitung von Kleinen Anfragen entsteht?
	Multidimensionale Arbeitsbelastung	Mentale Belastung (*mental demand*)	Wie viel geistige Anstrengung ist bei der Beantwortung Kleiner Anfragen erforderlich (z.B. Denken, Entscheiden, Erinnern, Suchen ...)? Ist die Bearbeitung Kleiner Anfragen leicht oder anspruchsvoll, einfach oder komplex, erfordert sie hohe Genauigkeit oder ist sie fehlertolerant?
		Zeitliche Belastung (*temporal demand*)	Wie viel Zeitdruck empfinden Sie hinsichtlich der Häufigkeit oder dem Takt mit dem Kleine Anfragen zu bearbeiten sind? Ist die Bearbeitung langsam und geruhsam oder schnell und hektisch?
		Performanz (*performance*)	Wie erfolgreich haben Sie Ihrer Meinung nach die Ihnen gesetzten Ziele bei der Bearbeitung Kleiner Anfragen erreicht? Wie zufrieden waren Sie mit Ihrer Leistung bei der Verfolgung dieser Ziele?
		Frustration (*frustration*)	Wie unsicher, entmutigt, irritiert, gestresst und verärgert (versus sicher, bestätigt, zufrieden, entspannt und zufrieden mit sich selbst) fühlen Sie sich während der Bearbeitung einer Kleinen Anfrage?
		Anstrengung (*effort*)	Wie hart mussten Sie arbeiten, um Ihren Grad an Aufgabenerfüllung zu erreichen?

Abbildung 15 Operationalisierung der Variable Arbeitsbelastung

Quelle: Eigene Darstellung in Anlehnung an Hart und Staveland (1988, S. 169, Abbildung 8) und ebd., S. 147, Abb. 3.

Die Belastungszahlen sagen allerdings nichts über die Ursachen und Gründe für die Belastung aus und sind allein nicht besonders aussagekräftig. Vielmehr ist es ausdrückliches Ziel dieser Arbeit, die hinter der Belastung stehenden Dynamiken zu identifizieren. Hierfür werden den Teilnehmenden nach den Dimensionen des TLX weitere Fragen zu möglichen Belastungsgründen angezeigt. Dies beinhaltet die Frage, wie viel Zeitdruck die Größe der KA, also die Anzahl der (Unter-)Fragen innerhalb einer KA, auslöst. Ferner werden sie nach dem Stellenwert der KA in der internen Bearbeitungshierarchie gefragt, der für den Zeitdruck und auch für die Verzögerung anderer Fachaufgaben verantwortlich sein könnte.

Einhergehend mit der in Kapitel 6.1. beschriebenen Kausalkette von Arbeitsbelastung durch KA, könnte dieser Stellenwert auch durch Sanktionen erhöht werden. Deswegen wird auch nachgefragt, ob Sanktionen bei Unzufriedenheit der (fragestellenden) Abgeordneten drohen und weiter, welche Form diese Sanktionen annehmen können.

Auswirkungen und Funktionsfähigkeit

Nachdem die Ursachen für die Arbeitsbelastung abgefragt wurden, soll im zweiten Teil des Fragebogens die Auswirkungen, die diese Belastung auf die Arbeit der Beschäftigten, insbesondere auf die Funktionsfähigkeit als Gradmesser für die Reformbedürftigkeit des Bearbeitungsverfahrens, hat, herausgefiltert werden. Das Maß der Beeinträchtigung der Funktionsfähigkeit soll anhand zweier Dimensionen gemessen werden. Die erste Dimension ist die Ressourcenbindung. Die Befragten sollen also Arbeitszeit und Personaleinsatz quantifizieren, die für die Bearbeitung einer KA notwendig sind. Hierfür schätzen sie ein, wie hoch die Anzahl der Personen, die normalerweise an der Beantwortung einer durchschnittlichen KA beteiligt sind, ist und wie viele davon dem höheren, dem gehobenen oder mittleren Dienst bzw. den Äquivalenten im Angestelltenverhältnis zugehörig sind.

Um die personelle Auslastung der jeweiligen Fachreferate berechnen zu können, werden die Teilnehmenden nach der Größe im Sinne der Zahl der Beschäftigten in ihrem Referat gefragt. Durch einen Quotienten, der sich aus der Anzahl, der für die Bearbeitung einer KA notwendigen Personalanzahl und der Gesamtzahl der Beschäftigten im Fachreferat zusammensetzt, kann die prozentuale Auslastung bei der Bearbeitung einer durchschnittlichen KA berechnet werden. Mithilfe der Auslastung kann darauf geschlossen werden, ob der Personalbestand ausreicht oder mehr Personal notwendig, um neben den KA noch andere Aufgaben zu übernehmen. Zum Abschluss dieses Teiles werden, die Teilnehmenden auch explizit gefragt, ob durch die Bearbeitung von KA an Personal für die Bearbeitung anderer Aufgaben fehlt.

Als zweite Dimension der Gefährdung der Funktionsfähigkeit wird die Auswirkung auf andere Fachaufgaben abgefragt. Hier sollen die Befragten angeben, ob bzw. wie oft diese zurückgestellt werden müssen sowie ferner, ob die Bearbeitung der zurückgestellten Aufgaben nicht mehr ordnungsgemäß sichergestellt werden kann. Außerdem soll eingestuft werden, wie oft eine solche Verzögerung nicht nur ministeriumsinterne Abläufe verzögert, sondern auch für die Bürgerinnen und Bürger negative Konsequenzen enthält.

Weiter wird nachgefragt, ob es, aufgrund der Bearbeitung von KA, an Zeit für die Bearbeitung anderer Fachaufgaben mangelt. So soll sowohl die personelle wie auch zeitliche Ursache für mögliche Verzögerungen abgefragt werden. Dies erlaubt auch Rückschlüsse auf die Auswirkungen auf die Performanz der jeweiligen Fachreferate zu ziehen.

Einstellung und Praxisverständnis

Um die Befragten an das Thema heranzuführen, werden die Teilnehmenden nach ihrem allgemeinen Verständnis von parlamentarischer Kontrolle gefragt. In der Einstiegsfrage sollen die Befragten angeben, was sie unter parlamentarischer Kontrolle verstehen. Dabei wurden die Kategorien übernommen, die Siefken (2018, S. 223) aus einer offenen Frage identifiziert hat. Die Wichtigkeit der Kontrollfunktion im Vergleich mit anderen Funktionen des Parlaments, wie der Kreations- und Repräsentationsfunktion, wird ebenfalls abgefragt sowie die Meinung der Teilnehmenden bezüglich der Reichweite des parlamentarischen Fragerechts. Die Befragten werden im Folgenden aufgefordert, nach den Einstellungen zur allgemeinen Kontrolle, ihre Meinung zu KA als Kontrollinstrument näher anzugeben. Hierfür sollen sie bewerten, ob die KA ein sinnvolles Instrument ist, um parlamentarische Kontrolle über die Verwaltung sicherzustellen und ob diese unverhältnismäßig viele Ressourcen im Vergleich zu ihrer Kontrollwirkung binden. Durch die Einschätzungen zur allgemeinen parlamentarischen Kontrolle auf der einen Seite und der KA als Frageinstrument auf der andern kann unter anderem überprüft werden, ob eine etwaige negative Bewertung des Instruments der KA auf eine tieferliegende Skepsis gegenüber der parlamentarischen Kontrolle zurückzuführen ist oder ob nur die KA als Instrument negativ bewertet wird.

Die Teilnehmenden sollen nicht nur das Frageinstrument, sondern auch die Kontrollpraxis der Abgeordneten und ihr Frageverhalten bewerten. Dafür bewerten die Befragten einzelne Aussagesätze bezüglich der Motivation der

Abgeordneten hinter der Fragetätigkeit, dem Verfahren, dem Wissen der Abgeordneten und der Ressourcenbindung durch die Fragetätigkeit sowie der Zufriedenheit der Abgeordneten mit der Bearbeitung durch die Ministerialverwaltung.

Reformbedürftigkeit und Reformvorschläge

Zum Schluss des Fragebogens soll analysiert werden, wie dringend den Befragten eine Reform der jetzigen Verfahren erscheint. Dafür werden die Befragten gebeten die Dringlichkeit einzuschätzen, bevor sie aufgefordert werden, einige diskutierten Reformvorschläge nach ihrer Zweckdienlichkeit zu bewerten. Diese wurden aus der bestehenden Literatur extrahiert (Siefken 2010, S. 34ff.) und beinhalten die Verlängerung der Frist, die zahlenmäßige Begrenzung der Fragen, eine Obergrenze für KA im Monat sowie die Angabe der durch die KA ausgelöste Arbeitszeit. Zusätzlich existiert die Möglichkeit weitere Vorschläge anzugeben.

Offene Kommentare

Aufgrund der wenigen vorhandenen Forschung über die Auswirkungen des Frageverhaltens der Abgeordneten erscheint es ebenfalls ratsam, den Befragten die Möglichkeit offener Kommentare zu geben. Durch die Verknüpfung von geschlossenen und offenen Fragen soll ein möglichst umfassender Blick auf wichtige Dynamiken sichergestellt und die Eigenschaften der Bearbeitung der KA in den Ministerien detaillierter herausgearbeitet werden.

Die Angaben aus den offenen Kommentarfeldern werden nach Thema geordnet und paraphrasiert bzw. zitiert.[20]

6.3 Ergebnisse der Befragung

6.3.1 Bearbeitung und Arbeitsbelastung

Anzahl und Bearbeitungsdauer

Die Teilnehmenden wurden gebeten, statistische Angaben über die Zahl von KA Anfragen zu machen. Zu sehen ist eine große Varianz bei den im Monat zu beantwortenden KA in den entsprechenden Fachreferaten. 38,2% der Befragten gaben an, dass sie zwei oder drei KA im Schnitt pro Monat in ihrem Referat bearbeiten. 29% schätzen, dass sie vier oder fünf KA im Monat bearbeiten. Nur

---

20 Für bessere Lesbar- und Verständlichkeit werden orthographische Fehler der qualitativen Kommentare korrigiert, sonst aber wortgetreu wiedergegeben.

wenige Befragte müssen eine, sechs, sieben, acht oder neun KA beantworten. 6,5% geben an sechs oder sieben, 5,2% acht oder neun KA beantworten zu müssen. 10,5% hingegen schätzen die Zahl der zu bearbeitenden KA auf zehn im Monat. Ein/-e Befragte/-r gibt an 100 KA im Monat zu bearbeiten (s. Abbildung 16). Das arithmetische Mittel aller Angaben beträgt 5,2 KA im Monat.[21] Zum Vergleich, das arithmetische Mittel der Kontrollgruppe beträgt 4,5 KA im Monat. Dies deckt sich mit der Annahme, dass die Ministerien mit niedrigem BQ weniger Anfragen zu beantworten haben, da das Verhältnis von Anfrageanzahl und Mitarbeiter günstiger ist.

Bitte schätzen Sie, wie viele Kleine Anfragen (auch solche, für die sie nicht federführend zuständig sind) in Ihrem Referat im Monat im Schnitt in dieser Legislaturperiode bearbeitet werden.

Kleine Anfrage pro Monat im Durchschnitt	Häufigkeitsangabe in %
1	3,9
2	15,8
3	22,4
4	14,5
5	14,5
6	3,9
7	2,6
8	3,9
9	1,3
10	10,5
15	3,9
30	1,3
100	1,3
Keine Angabe	0

Abbildung 16 Geschätzte Anzahl der durchschnittlich zu bearbeitenden Kleinen Anfragen pro Monat

Quelle: Eigene Darstellung. Anmerkung: n = 76. Summe ungleich 100% aufgrund von Rundung möglich.

---

21 Bei der Berechnung des arithmetischen Mittels wurde der einmal angegeben Wert von 100 KA im Monat weggelassen, um Verzerrung zu vermeiden, da die Vermutung nahe liegt, dass der/die Antwortende eine unrealistische hohe Zahl angegeben hat, um den Durchschnitt zu erhöhen, da in der nachfolgenden Frage vom selben Teilnehmenden 100 Stunden als durchschnittliche Bearbeitungszeit einer KA angegeben wurde.

In die obige Schätzung zählen alle KA, auch solche für die das Referat nicht federführend zuständig ist. Ebenfalls wurde nach der Zahl der federführend zu verantwortenden KA gefragt. Im Zuge der Auswertung stellte sich allerdings heraus, dass die Angaben nicht zielführend sind, da eine große Varianz zwischen den Teilnehmenden herrscht. Dies liegt laut einem Kommentar an der Salienz eines Politikfelds:

> *„Wiederholte Federführung eines Referates ist eher selten. Federführung des Ressorts tritt häufiger auf, je nach aktueller politischer Entwicklung und Schwerpunktsetzung (auch) in den Medien."*

Die Schwierigkeit der Einschätzung zeigt sich auch in einem deutlich reduzierten Stichprobenumfang bei der Frage nach den federführenden Zuständigkeiten.

Nach der Anzahl der KA, die in den Fachreferaten bearbeitet werden müssen, wurde nach der Bearbeitungszeit gefragt, die die Befragten für eine KA im Schnitt aufbringen müssen. Im Schnitt benötigen diese 15 Stunden für die Bearbeitung einer durchschnittlichen KA. Die einzelnen Angaben im Detail sind weit verstreut. So geben 7,5% an, sie würden eine bis zwei Stunden benötigen, 17,9% zwischen drei und vier Stunden, 14,9% fünf und sechs und 6% benötigen acht, während 14,9% 10 Stunden benötigen.

Zwischen 11 und 20 Stunden dauert die Bearbeitung für 18 % und 12% geben an, dass sie zwischen 21 und 30 Stunden benötigen würden. Über 30 bis zu 40 Stunden benötigen 6%. Eine oder ein Befragte/-r gibt 40 Stunden als notwendige Bearbeitungszeit an, was einem Anteil von 1,5% entspricht (s. Abbildung 17).

Benötigte und verfügbare Bearbeitungszeit

Für etwas mehr als dreiviertel der Befragten ist die offizielle Frist von zwei Wochen für die Bearbeitung von KA nicht ausreichend. Etwa 20% geben an, dass sie diese Frist für ausreichend halten (s. Abbildung 18).

Die Teilnehmenden, die angaben, dass die Frist nicht ausreichend sei, wurden im Anschluss nach ihrer Empfehlung für die Dauer der Bearbeitungszeit gefragt. Das Antwortverhalten ist in Abbildung 19 zu sehen. Demnach spricht sich die Mehrheit von 73,2% für eine Erhöhung der Bearbeitungsdauer um zwei Wochen, auf die Höhe von vier Wochen, aus. Für 12,5% erscheinen drei Wochen ausreichend für die Bearbeitung von KA. Nur Minderheiten unterstützen Bearbeitungszeiten von fünf oder mehr Wochen.

Einer der Gründe, weshalb sich die Mehrheit für eine längere Bearbeitungszeit ausspricht, wird in der nachfolgenden Frage klar. Die Teilnehmenden gaben an, wie viel Zeit ihnen effektiv für die Bearbeitung von KA bleibt, nach Abzug von Übermittlungsvorgängen. Mehr als ein Drittel, 35,5%, gaben an, dass für

Wie viele Stunden dauert die Bearbeitung einer Kleinen Anfrage im Schnitt in Ihrem Referat?

Stunden	Häufigkeitsangabe in %
1	3,0
2	4,5
3	10,4
4	7,5
5	11,9
6	3,0
8	6,0
10	14,9
12	4,5
15	1,5
16	1,5
18	1,5
20	9,0
24	1,5
25	1,5
30	9,0
32	1,5
40	4,5
60	1,5
100	1,5
Keine Angabe	0

Abbildung 17 Eingeschätzte benötigte Bearbeitungszeit einer Kleinen Anfrage im Durchschnitt

Quelle: Eigene Darstellung. Anmerkung: n = 67. Summe ungleich 100% aufgrund von Rundung möglich.

Nach der Geschäftsordnung des Bundestages gilt eine Frist von 2 Wochen für die gesamte Beantwortung Kleiner Anfragen. Empfinden Sie diese Frist im Allgemeinen als ausreichend für die Bearbeitung?

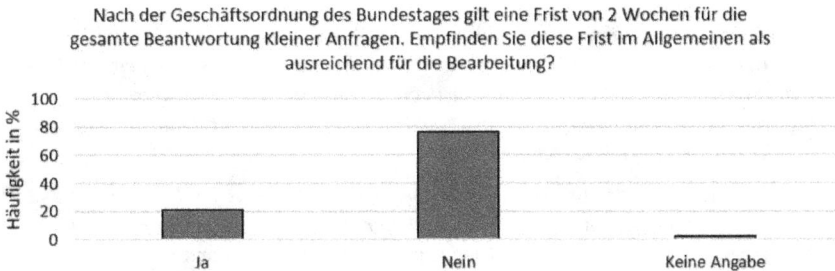

Abbildung 18 Ausreichen der 2-Wochen-Frist

Quelle: Eigen Darstellung. Anmerkung: n = 76.

Welche Bearbeitungszeit halten Sie für angemessen, um eine Bearbeitung nach bestem Wissen und Gewissen sicherzustellen?

Abbildung 19 Angemessene Bearbeitungszeit

Quelle: Eigene Darstellung. Anmerkung: Dargestellt ist die Häufigkeitsverteilung in Prozent mit n = 54. Nur Personen, die bei der Frage in Abb. 19 mit „Nein" geantwortet haben, wurde diese Frage gestellt.

die eigentliche Bearbeitung lediglich ein bis zwei Tage verbleiben. Für 44,7% der Teilnehmenden besteht die reelle Bearbeitungszeit aus drei bis vier Tagen und fünf bis sechs Tage verbleiben für 17,1% zur Bearbeitung. Nur 2,6% geben an, dass ihnen sieben bis acht Tage zur Bearbeitung zur Verfügung stehen (s. Abbildung 20). Damit geben ca. 80% der Befragten an, dass ihnen höchstens ein Drittel der offiziellen Bearbeitungszeit zur eigentlichen Bearbeitung verbleibt.

Für beinahe ein Drittel reicht diese reelle Bearbeitungszeit oft nicht aus, um die Bearbeitung nach bestem Wissen und Gewissen sicherzustellen. Für 18,4% ist dies sogar sehr oft der Fall. 36,8% geben an, dass dies immerhin gelegentlich zutrifft und 11,8% können selten oder sehr selten eine Bearbeitung nach bestem Wissen und Gewissen nicht sicherstellen (s. Abbildung 21).

Die Problematik der Übermittlungs- und Beteiligungsprozesse, die die verfügbare Arbeitszeit verkürzen, wurde auch in einigen Kommentaren angesprochen:

„Gerade bei vielen Unterfragen, die thematisch teils weit auseinanderfallen, sind meist nicht nur viele Referate innerhalb des federführenden Ministeriums betroffen, sondern auch unterschiedlichste Referate innerhalb der anderen Ressorts. Hier ist schon das Anfordern von Zulieferungen aufwendig, insbesondere aber die finale Abstimmung aufgrund der Vielzahl der zu beteiligenden Einheiten."

„Die Arbeitszeit, die der Bearbeiterin/dem Bearbeiter im Referat verbleibt, ist mit 1–2 Tagen viel zu kurz. Manchmal verbleiben auch nur Stunden. Die Bearbeitung wird umso stressiger, je mehr andere betroffene Referate im selben Ministerium und/oder andere Ressorts eingebunden werden müssen. [...]."

Diese ungünstigen Übermittlungsvorgänge seien oftmals auch schlecht gesteuert, so ein weiterer Kommentar. Dies führe zu Qualitätsverlust bei der Beantwortung:

„Oft werden die Anfragen am Freitagnachmittag an die Verantwortlichen gesendet mit einer Abgabefrist bis Montagmorgen, eine korrekte Aufarbeitung der gewünschten Daten ist so nicht möglich."

Abgesehen von der offiziellen Frist von 2 Wochen, wie viel viele Tage verbleiben Ihnen reell zur Bearbeitung einer durchschnittlichen Kleinen Anfrage in Ihrem Referat?

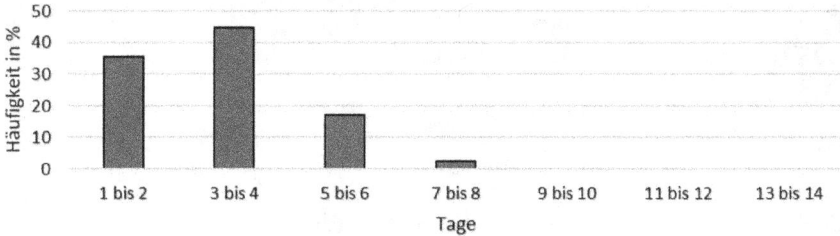

Abbildung 20 Verfügbare reelle Arbeitszeit

Quelle: Eigene Darstellung. Anmerkung: Anmerkung: n = 76.

Wie oft reicht diese reelle Bearbeitungszeit nicht aus, um die Anfragen nach bestem Wissen und Gewissen zu bearbeiten?

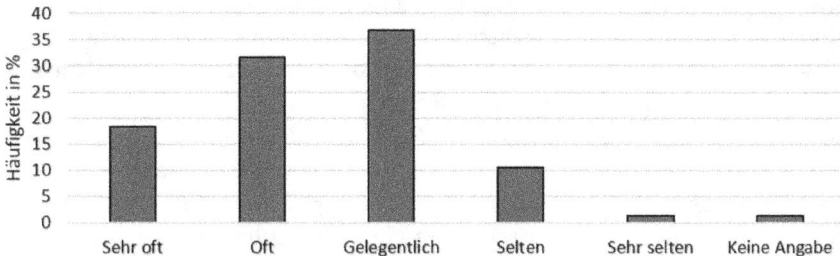

Abbildung 21 Ausreichen der realen Bearbeitungszeit

Quelle: Eigene Darstellung. Anmerkung: n = 76.

Allgemeine Belastung und Belastungsindex

Die Gesamtbelastung, die durch KA entsteht, ist in Abbildung 22 zu sehen. Zur verständlicheren Auswertung werden die Werte zusammengefasst. Die Werte eins und zwei stehen für einen sehr niedrigen Belastungsgrad, drei und vier für einen niedrigen, der Wert fünf und der Wert sechs für einen moderaten, sieben

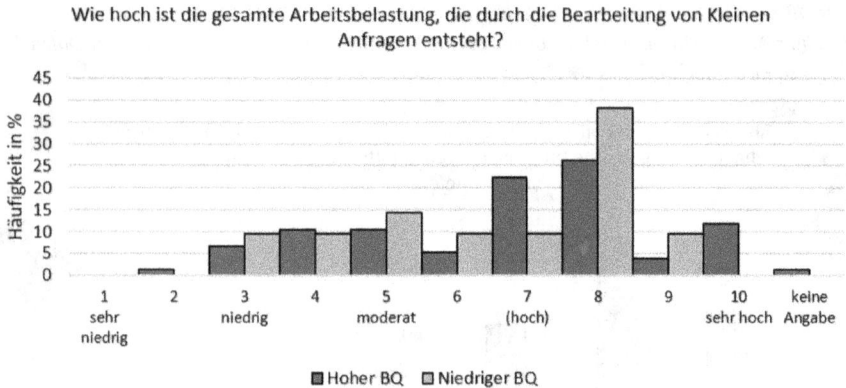

Abbildung 22 Gesamtbelastung durch Kleine Anfragen

Quelle: Eigene Darstellung. Anmerkung: n(hoher BQ)= 76; n(niedriger BQ)= 21.

und acht für einen hohen und neun und zehn für einen sehr hohen Belastungs-
wert.

1,3% sehen eine sehr niedrige allgemeine Belastung durch KA und 17,1%
einen niedrigen. In der Mitte der Belastungsintensität verorten sich 15,8% der
Teilnehmenden. Als hoch schätzen 48,7% die allgemeine Belastung ein, 15,7%
schätzen sie als sehr hoch ein. Die Verteilung der Kontrollgruppe mit niedrigem
BQ ist sehr ähnlich. Dies zeigt sich beim Vergleich der zentralen Tendenz. Der
Mittelwert für die Gruppe mit hohem BQ liegt bei 6,6, der Median bei 7. Zum
Vergleich, die Kontrollgruppe besitzt einen ähnlichen Durchschnitt von 6,5 und
einen Median von ebenfalls 7. Der Mann-Whitney-U-Test liefert ebenfalls keine
signifikanten Unterschiede zwischen der Gesamtbelastung der Ministerien mit
hohem BQ und denen mit niedrigem BQ. Im Übrigen kann zwischen den beiden Gruppen bei allen nachfolgenden Belastungsdimensionen des TLX kein sig-
nifikanter Unterschied festgestellt werden.

Neben der Gesamtbelastung wurden auch die Dimensionen von Arbeitsbelastung nach dem TLX abgefragt. Bei der ersten Dimension, der geistigen Anstrengung, lässt sich eine Häufung am oberen Ende der Bewertungsskala erkennen.
21% schätzen die geistige Anstrengung als sehr hoch ein, 46,1% immerhin noch
als hoch. 17,1% sehen eine moderate geistige Anstrengung, 10,5% eine niedrige
und lediglich 3,9% eine sehr niedrige geistige Anstrengung (s. Abbildung 23).
Auffallend ist, dass die Kontrollgruppe mehr in Richtung einer hohen Belastung
tendiert. Dies spiegelt sich auch im Mittelwertvergleich wider. Der Durchschnitt

Wie viel geistige Anstrengung ist bei der Beantwortung Kleiner Anfragen erforderlich (z.B. Denken, Entscheiden, Erinnern, Suchen …)? Ist die Bearbeitung Kleiner Anfragen leicht oder anspruchsvoll, einfach oder komplex, erfordert sie hohe Genauigkeit ode

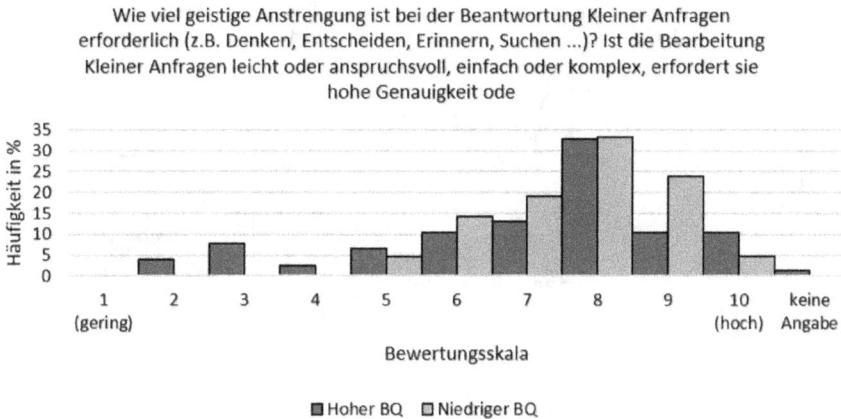

Abbildung 23 Geistige Anstrengung bei der Beantwortung Kleiner Anfragen

Quelle: Eigene Darstellung. Anmerkung: n(hoher BQ)= 76; n(niedriger BQ)= 21.

der Ministerien mit hohen BQ beträgt 7, der Median 8. Das arithmetische Mittel und der Median der Kontrollgruppe betragen jeweils 8.

Die Häufigkeitsverteilung bei der Frage nach dem Zeitdruck ist ebenfalls linkschief. Etwas weniger als die Hälfte, 46,1%, geben an, einen sehr hohen Zeitdruck aufgrund der Häufigkeit von KA zu verspüren. 21% geben einen hohen Zeitdruck an und 17,1% immerhin noch einen moderate, während 14,4% einen Wert geringer als vier auf der Bewertungsskala angegeben haben (s. Abbildung 24). Das arithmetische Mittel beträgt hier 8,3 und der Median 8. Das arithmetische Mittel der Kontrollgruppe liegt leicht höher und beträgt 8,6 und der Median 9.

Ein gemischteres Bild ist in Abbildung 25 zu sehen. Ein Viertel der Teilnehmenden gibt an, dass sie sehr zufrieden sind mit der Erfüllung ihrer Ziele. Etwas weniger, 22,4% sind immer noch zufrieden. Ein Drittel gibt einen mittleren Wert der Zufriedenheit an. 21% sind nicht zufrieden mit der Erreichung ihrer Ziele bei der Beantwortung von KA und nur 1,3% sind sehr unzufrieden damit. Das arithmetische Mittel beträgt 4,5 respektive 4,6 für die Kontrollgruppe. Der Median beträgt 4,5 bzw. 5 für die Kontrollgruppe.

Die Anstrengung bei der Bearbeitung von KA wird von 19,7% als sehr hoch eingeschätzt. 51,3% hingegen schätzen die Anstrengung noch als hoch ein und 18,4% moderate Werte an. Für 5,2% ist die Anstrengung bei der Bearbeitung von KA lediglich gering (s. Abbildung 26). Mit 7,3 bzw. 7,1 als arithmetisches Mittel

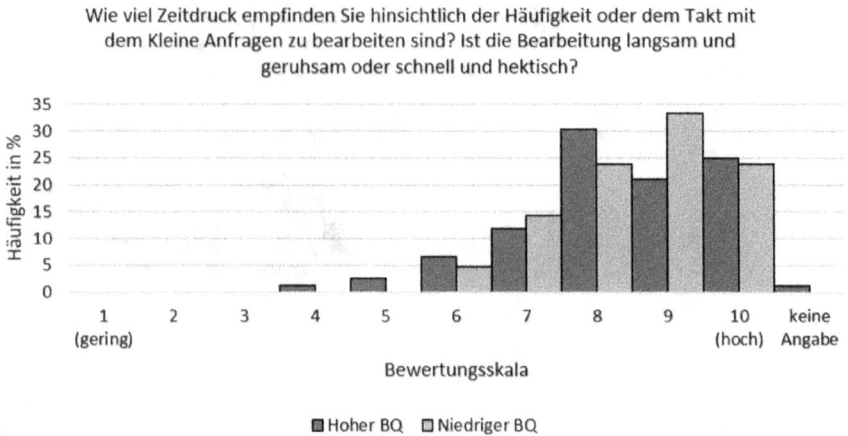

Abbildung 24 Zeitdruck bei der Bearbeitung Kleiner Anfragen

Quelle: Eigene Darstellung. Anmerkung: n(hoher BQ)= 76; n(niedriger BQ)= 21.

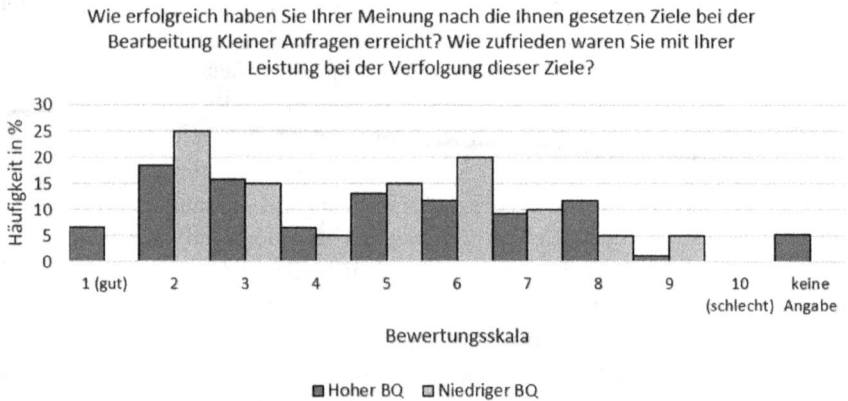

Abbildung 25 Leistung bei der Bearbeitung von Kleinen Anfragen

Quelle: Eigene Darstellung. Anmerkung: n(hoher BQ)= 76; n(niedriger BQ)= 20.

und 8 bzw. 7 sind die Mittelwerte der Ministerien mit hohem BQ in diesem Fall leicht höher als die der Kontrollgruppe.

Als letzte der fünf Dimensionen von Arbeitsbelastung wurden die Befragten gebeten den Wert der Frustration bei der Bearbeitung von KA auf der Skala anzugeben. 6,6% geben einen sehr niedrigen Frustrationswert an, 10,6% einen

Wie hart mussten Sie arbeiten, um Ihren Grad an Aufgabenerfüllung zu erreichen?

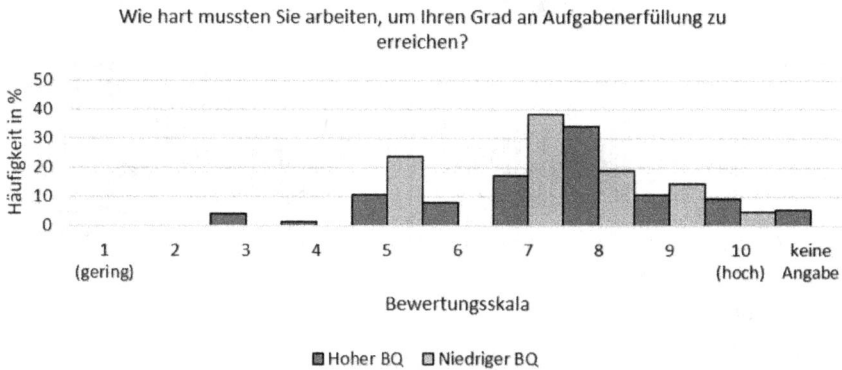

Abbildung 26 Anstrengung bei der Bearbeitung von Kleinen Anfragen

Quelle: Eigene Darstellung. Anmerkung: n(hoher BQ)= 76; n(niedriger BQ)= 21.

Wie unsicher, entmutigt, irritiert, gestresst und verärgert (versus sicher, bestätigt, zufrieden, entspannt und zufrieden mit sich selbst) fühlen Sie sich während der Bearbeitung einer Kleinen Anfrage?

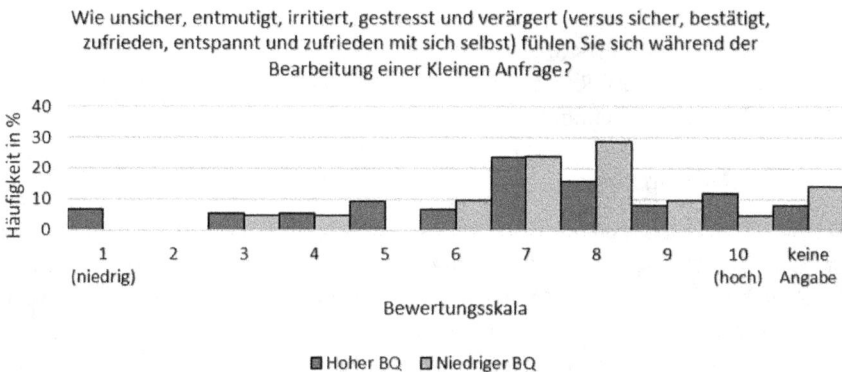

Abbildung 27 Frustration bei der Bearbeitung von Kleinen Anfragen

Quelle: Eigene Darstellung. Anmerkung: n(hoher BQ)= 76; n(niedriger BQ)= 21.

niedrigen, 15,8% einen moderaten, 39,5% einen hohen und 19,7% einen sehr hohen. Das arithmetische Mittel der Gruppe mit dem hohen BQ beträgt 6,5, der Median 7. Die Kontrollgruppe liegt leicht darüber mit einem Mittelwert von 7 und einem Median von 8 (s. Abbildung 27).

Nach der Darstellung der einzelnen Dimensionen, kann der Index gebildet werden. Die Verteilung des TLX-Index ist in Abbildung 28 zu sehen. Mit einem Median und einem arithmetischen Mittel von 6,8 ist die Belastung im Durchschnitt am Anfang des letzten Drittels der Skala. Vergleicht man den Wert mit

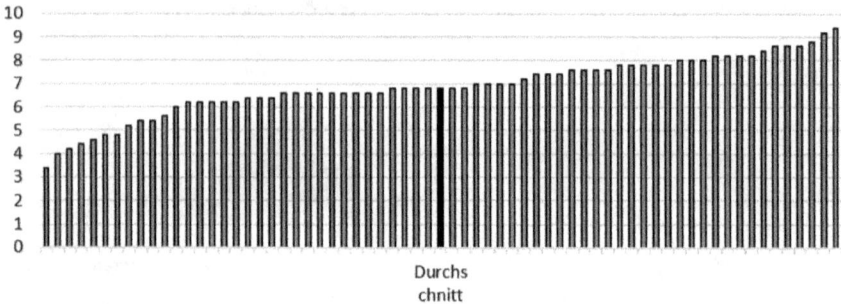

Abbildung 28 Häufigkeitsverteilung des TLX-Index

Quelle: Eigene Darstellung. Anmerkung: Skala von 1–10 mit 1 = sehr niedrige Belastung und 10 = sehr hohe Belastung

den zentralen Tendenzen des univariaten Belastungsindikators erkennt man kaum einen Unterschied. Damit einhergehend sind die Werte des TLX-Index und der univariaten Belastungsangabe hochsignifikant positiv miteinander korreliert. Der Spearmans-Rho Korrelationskoeffizient beträgt 0,7 und ist signifikant bei einem Signifikanzniveau von $p<0{,}01$.

Ursachen der Belastung

Neben den bereits genannten Dimensionen folgten weitere Fragen zu den Ursachen der Belastung. Die Unterfragen in einer KA lösen nach der Mehrheit der Angaben einen hohen Zeitdruck aus. Ungefähr 48,6% der Teilnehmenden geben, dass sie einen sehr starken Zeitdruck aufgrund der Unterfragen innerhalb einer KA verspüren (Wert 9 und 10). 44,7% geben immer noch hohe Werte, also sieben oder acht an. Nur 2,6% verspüren einen moderaten Zeitdruck (s. Abbildung 29).

Etwas mehr als ein Drittel, 36,9%, geben an, dass ihnen bei Unzufriedenheit der Abgeordneten mit der Antwort negative Konsequenzen entstehen. Ein Viertel hingegen gibt an, dass dies nicht geschehe. Ein hoher Anteil von 28,6% entschied sich keine Angabe zu machen (s. Abbildung 30).

All jene, die die Frage nach negativen Konsequenzen bejaht haben, wurden gebeten, diese Konsequenzen näher zu definieren. 42,9% gaben an, die negativen Konsequenzen würden aus weiteren formalen Nachfragen bestehen. Allerdings kommt es auch, nach einem Anteil von 22,4% der Befragten, zu informaler Kritik über persönliche Kontakte. Für 26,5% ist auch eine Diskussion in den öffentlichen Medien eine mögliche negative Konsequenz. Einzelne Angaben

Wie viel Zeitdruck bei der Bearbeitung Kleiner Anfragen verspüren Sie aufgrund der Zahl von Unterfragen innerhalb Kleiner Anfragen?

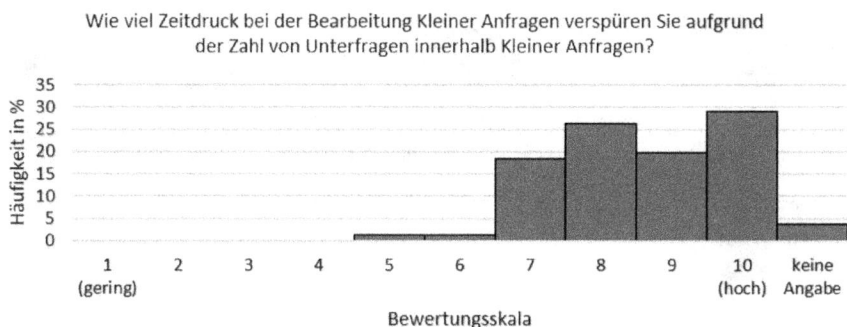

Abbildung 29 Zeitdruck aufgrund von Unterfragen in einer Kleinen Anfrage
Quelle: Eigene Darstellung. Anmerkung: n = 76.

Entstehen für Ihr Referat negative Konsequenzen, wenn die Abgeordneten nicht zufrieden sind mit dem Arbeitsergebnis Ihrer Antwort?

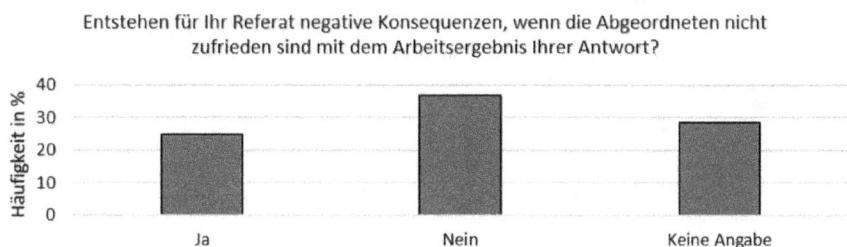

Abbildung 30 Sanktionen bei Unzufriedenheit der Abgeordneten
Quelle: Eigene Darstellung. Anmerkung: n = 76.

beinhalten die Beschwerde bei der Bundestagsverwaltung, die Kritik von Vorgesetzten, eingehende schriftliche Beschwerden und Verfahren vor dem BVerfG (s. Abbildung 31).

Bei der Frage, ob die Beantwortung von KA immer Vorrang vor anderen Fachaufgaben hat, stimmt eine Mehrheit von 75% dieser Aussage zu bzw. vollkommen zu. 6,6% stimmen dieser Aussage nicht oder überhaupt nicht zu, während 18,4% der Aussage weder zustimmen noch diese ablehnen (s. Abbildung 32).

Aus den offenen Kommentaren lassen sich weitere Gründe für die Belastung herausarbeiten. Die Erhöhung der Zahl der KA wird deutlich von den Teilnehmenden wahrgenommen. Dies wird in den Kommentaren der Vergrößerung des Bundestages zugeschrieben:

„Man merkt deutlich die höhere Anzahl von Anfragen seit die Anzahl der BT-Abgeordneten immer weiter gestiegen ist. [...]"

Welche Konsequenzen können sich dann für Sie ergeben? (Mehrfachnennung)

	Häufigkeit in %
Formale Nachfrage im Rahmen weiterer Anfragen	42,9
Informale Kritik über persönliche Kontakte, z.B. ParlSt	22,4
Öffentliche Diskussion in Medien	26,5
Beschwerde bei BT-Präsident und -verwaltung	2
Kritik von Vorgesetzen	2
Verfahren vor dem BVerfG	2
Schriftliche Beschwerden	2
Keine Angabe	0

Abbildung 31 Mögliche Sanktionen

Quelle: Eigene Darstellung. Anmerkung: Dargestellt ist die Häufigkeitsverteilung in Prozent mit n = 45. Nur den Teilnehmenden, die bei der Frage in Abb. 32 mit „Ja" geantwortet haben, wurde diese Frage gezeigt. Summe ungleich 100% aufgrund von Rundung.

Bitte geben Sie an, ob Sie folgenden Aussagen zustimmen oder diese ablehnen: Die Beantwortung Kleiner Anfragen hat immer Vorrang vor anderen Fachaufgaben.

Abbildung 32 Bearbeitungshierarchie von Kleinen Anfragen

Quelle: Eigene Darstellung. Anmerkung: n = 76.

Gleichzeitig wird bemängelt, dass sich dieser Anstieg nicht in den Personalressourcen der Ministerien widerspiegelt:

„Die Belastung hat durch die Vergrößerung des Bundestags (mehr MdBs, mehr Fraktion) deutlich zugenommen, ohne dass dies auf Ministerialebene durch einen Aufwuchs von Ressourcen aufgefangen werden könnte."

„Die Zahl Kleiner Anfragen ist gestiegen, die Personalkapazitäten jedoch nicht dementsprechend."

Besonders viel Feedback erhält auch die bereits im geschlossenen Frageformat abgefragten (Unter-)Fragen, denen eine besondere Belastung zugeschrieben wird:

> *„KA werden offensichtlich nicht nur mehr, sondern auch vielschichtiger und damit aufwändiger. Der Aufwand und die so betriebene Informationssammlung ist selten nachvollziehbar. Besonders deutlich wird dies bei Fragen, bei denen am Ende bis zu 100 Seiten mit Listen von Fördertatbeständen das Ergebnis sind, mit denen aber niemand etwas anfangen kann, da sie keine Aussagekraft fachlicher oder finanzpolitischer Natur haben."*

> *„Von der Zahl der Fragen – mit Unterfragen – hängt auch der Zeitdruck für den Bearbeitenden ab. Werden bis zu 20 Fragen gestellt, die keine umfangreiche Beteiligung anderer Ressorts erforderlich machen und nur eine geringe Aufarbeitung von Zahlenmaterial zur Folge hat, ist eine Beantwortung in 2 Wochen machbar. Alles was darüber hinaus geht – inkl. umfangreicher Tabellen über mehrere Haushaltsjahre – erzeugt einen enormen Zeitdruck."*

> *„Kleine Anfragen mit mehr als 100 Einzelfragen oder die Anforderung von umfangreichen Statistischen Anforderungen sind eine Überstrapazierung des Fragerechtes"*

Auch die Fragentiefe und -breite wird als ein Auslöser der Arbeitsbelastung gesehen:

> *„Fragen zu kompletten Themenbereichen über eine große Anzahl von Behörden (ggfls. sogar die gesamte Bundesverwaltung) und über viele Jahre im Rückblick sind extrem arbeitsintensiv. [...]"*

Gleichzeitig wird aus vielen Kommentaren klar, dass der Arbeitsaufwand enorm zwischen den KA variiert und von verschiedenen Faktoren abhängt, die teils auch näher beleuchtet werden:

> *„Kleine Anfragen (KA) sind hinsichtlich des mit ihnen verbundenen Arbeitsaufwands nur schwer vergleichbar. Im einfachsten Fall besteht die KA aus nur einer Frage, die aus dem Zuständigkeitsbereich des eigenen Referates allein beantwortet werden kann. Der Aufwand zur Beantwortung ist entsprechend gering. Im komplexesten Fall besteht die KA aus dutzenden Fragen mit Unterfragen und ihre Beantwortung erfordert eine Abfrage in der gesamten Bundesregierung (also aller Ministerien und ihrer Geschäftsbereichsbehörden). Der Aufwand zur Beantwortung ist entsprechend gigantisch."*

> *„Die Art und der Umfang kleiner Anfragen unterscheiden sich ganz erheblich. Uns erreichen KA mit 20 Fragen und mehr die mindestens 2 Wochen Arbeitszeit binden und kleiner Anfragen die in 2 Stunden bearbeitet sind."*

Dies wird in zwei Kommentaren auch mit Kritik an der Fragestellung dieser Arbeit verbunden. Pauschale Urteile seien, aufgrund der Varianz in der Arbeitsbelastung, schwer zu treffen:

„Da die Art und Weise der Kleinen Anfragen sehr unterschiedlich ist, ist die Beantwortung einiger Fragen schwierig. Durchschnitte treffen dann nicht ganz zu. Es gibt inhaltliche Frage, die eine enorme Recherche benötigen (und deshalb geistig hohe Anforderungen stellen), dann gibt es Fragen zu Finanzierungen, die aufgrund der Suche zeitlich intensiv aber geistig nicht anspruchsvoll sind. Alle sind aber in der Tat immer stressvoll, da die zeitlichen Fristen eng sind."

„[…] Insofern ist die bloße Anzahl von KA in der Regel nur bedingt aussagekräftig. Dieses Phänomen erschwerte auch die Beantwortung verschiedener Fragen dieses Fragebogens, die pauschal auf Durchschnittswerte für die Beantwortung von KA abstellt."

6.3.2 Auswirkungen und Funktionsfähigkeit

Ressourcenbindung und Auslastung

Die Befragten gaben an, dass im Durchschnitt 2,7 Personen für die Bearbeitung einer durchschnittlichen KA notwendig seien. Im Detail ist das Antwortverhalten in Abbildung 34 zu sehen. Demnach gaben 9,2% an, dass nur eine Person an der Bearbeitung einer KA beteiligt ist. 38,1% gaben an das hierfür zwei Personen und 39,4% drei Personen beteiligt seien. Jeweils 3,9% gaben an, dass vier, fünf und sechs Personen an einer KA arbeiten. Schließlich wurde von 1,3% der Befragten angegeben, dass acht Personen notwendig seien (s. Abbildung 33).

Im Folgenden spezifizierten die Befragten genauer, welcher Laufbahngruppe bzw. den Äquivalenten im Angestelltenverhältnis die Personen, die mit der Bearbeitung von KA beauftragt werden, zugeordnet sind. Etwas weniger als die Hälfte, ungefähr 47% sind dem höheren Dienst zugeordnet, 37% dem gehobenen Dienst und 16% dem mittleren Dienst (s. Abbildung 34).

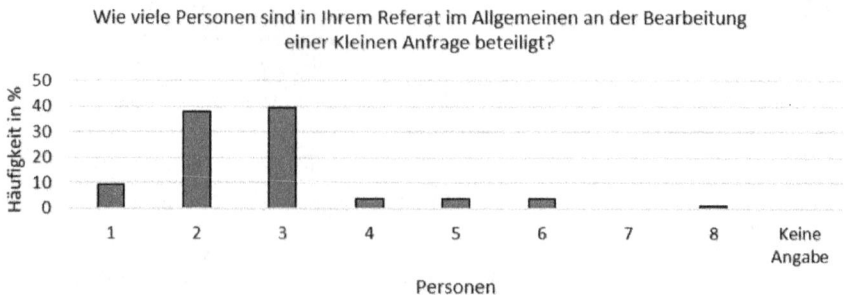

Abbildung 33 Personeller Einsatz bei der Beantwortung einer Kleinen Anfrage
Quelle: Eigene Darstellung. Anmerkung: Anmerkung: n = 76.

Wie viele sind davon dem höheren, dem gehobenen oder dem mittleren Dienst
(bzw. dem Äquivalent im Angestelltenverhältnis zuzuordnen?

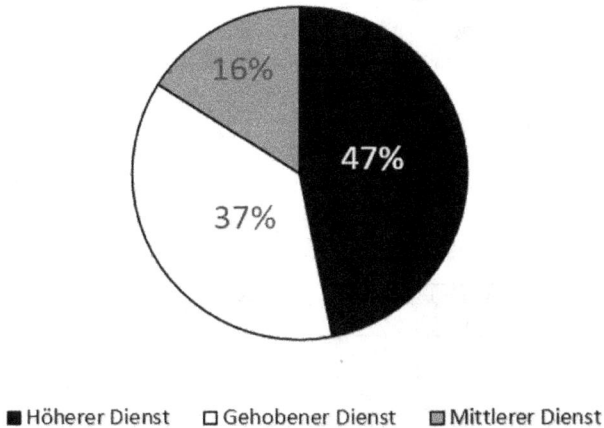

■Höherer Dienst   □Gehobener Dienst   ▣Mittlerer Dienst

Abbildung 34 Anteil von Laufbahngruppen bzw. deren Äquivalente im
Angestelltenverhältnis am Bearbeitungsprozess
Quelle: Eigene Darstellung. Anmerkung: Dargestellt sind die Häufigkeiten der Angaben mit n = 73.

Die Auslastung der Fachreferate wurde, wie in Kapitel 6.2.2 beschrieben, aus
den Angaben der Teilnehmenden berechnet. Diesen Berechnungen zu Folge
liegt die Personalauslastung bei Bearbeitung einer durchschnittlichen KA in
2,9% der Fachreferate unter 10%. Eine ebenso große Prozentzahl an Fachreferaten ist zwischen 51 und 60% ausgelastet. Ungefähr ein Viertel der Referate sind
zu 11 bis 20% ausgelastet, 17,4% sind zu 21 bis 30% und genau ein Drittel ist
zwischen 31% und 40% ausgelastet. In 8,7% der Referate sind zwischen 41 und
50% der Personalressourcen mit der Bearbeitung einer KA gebunden. Bei jeweils
4,3% der Referate sind 61 bis 70% bzw. 81 bis 90% der Beschäftigten mit der
Bearbeitung beschäftigt. In 1,4% der Referate liegt die Personalauslastung bei
über 91% (s. Abbildung 35).
Die Befragten wurden ebenfalls gefragt, ob durch die Beantwortung von KA
ein Personalmangel für die Bearbeitung anderer Fachaufgaben entsteht. 47,4%
stimmen dieser Aussage zu und 35,5% stimmen dieser Aussage sogar vollkommen zu. Damit stimmt eine Mehrheit von 82,9% dieser Aussage (vollkommen)
zu. 3,9% stimmen dieser Aussage hingegen nicht zu und 13,2% stimmen dieser
Aussage weder zu noch nicht zu (s. Abbildung 36).

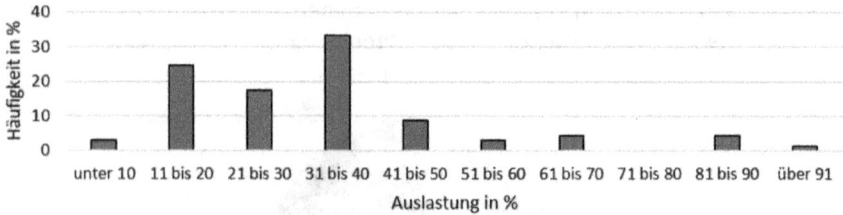

Abbildung 35 Personelle Auslastung der Referate

Quelle: Eigene Berechnungen. Anmerkung: Summe ungleich 100% aufgrund von Rundung möglich.

Bitte geben Sie an, ob Sie folgenden Aussagen zustimmen oder diese ablehnen.

Häufigkeit in %	Stimme vollkommen zu	Stimme zu	Weder noch	Stimme nicht zu	Stimme überhaupt nicht zu	Keine Angabe
Durch die Beantwortung von Kleinen Anfragen fehlt es an Personal für die Bearbeitung anderer Fachaufgaben	35,5 %	47,4 %	13,2 %	3,9 %	0 %	0 %

Abbildung 36 Personalmangel für andere Fachaufgaben

Quelle: Eigene Darstellung. Anmerkung: n = 76. Summe ungleich 100% aufgrund von Rundung möglich.

Verzögerung anderer Fachaufgaben

Nach dem Personalmangel wurde auch der Zeitmangel abgefragt. 43,4% aller Teilnehmenden stimmen der Aussage „Durch die Beantwortung von Kleinen Anfragen fehlt es an Zeit für die Bearbeitung anderer Fachaufgaben" vollkommen zu. Weitere 46,1% stimmen dieser Aussage immerhin noch zu. Somit stimmen insgesamt 89,5% der Befragten dieser Aussage zu bzw. vollkommen zu. Lediglich 1,3% stimmen nicht zu und 9,2% geben weder noch an (s. Abbildung 37).

Dieses Ergebnis stützt auch eine sehr große Mehrheit von 93,4% der Teilnehmenden, die angibt, dass aufgrund der der Bearbeitung von KA andere Fachaufgaben zurückgestellt werden müssen (s. Abbildung 38).

Von diesen rund 93% geben 38,1% an, dass eine ordnungsgemäße Bearbeitung der zurückgestellten Aufgabe oft oder sehr oft nicht mehr sichergestellt werden kann, während 16,9% abgeben, dass dies nur selten oder sehr selten

Häufigkeit in %	Stimme vollkommen zu	Stimme zu	Weder noch	Stimme nicht zu	Stimme überhaupt nicht zu	Keine Angabe
Durch die Beantwortung von Kleinen Anfragen fehlt es an Zeit für die Bearbeitung anderer Fachaufgaben	43,4 %	46,1 %	9,2 %	1,3 %	0 %	0 %

Abbildung 37 Zeitmangel für andere Fachaufgaben

Quelle: Eigene Darstellung. Anmerkung: n = 76. Summe ungleich 100% aufgrund von Rundung möglich.

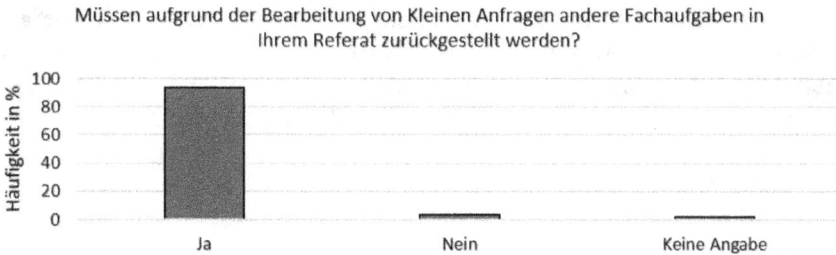

Abbildung 38 Zurückstellung von anderen Fachaufgaben

Quelle: Eigene Darstellung. Anmerkung: n = 76.

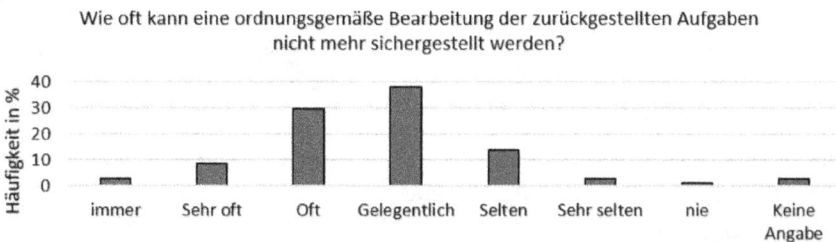

Abbildung 39 Keine Sicherstellung der ordnungsgemäßen Bearbeitung bei Verzögerung

Quelle: Eigene Darstellung. Anmerkung: Filterfrage. Nur Personen, die bei der Frage in Abb. 39 mit „Ja" geantwortet haben, wurde diese Frage gestellt. n = 71.

geschehe. Nur 2,8% bzw. 1,4% geben an, dass dies immer bzw. nie der Fall sei. 38% sind der Meinung, dass dies gelegentlich vorkomme (s. Abbildung 39).

Wie oft hat diese Verzögerung negative Auswirkung nicht nur auf
ministeriumsinterne Vorgänge, sondern auch für die Bürgerinnen und Bürger?

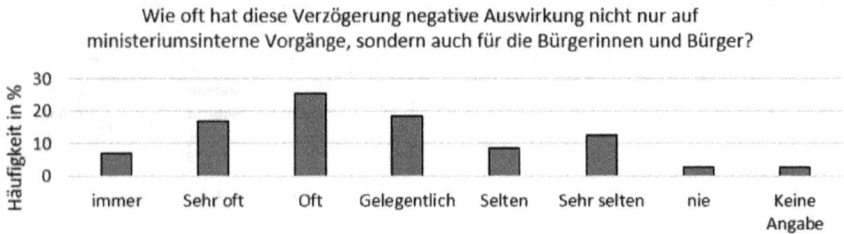

Abbildung 40 Auswirkung der Verzögerung auf Bürgerinnen und Bürger

Quelle: Eigene Darstellung. Anmerkung: Filterfrage. Nur Personen, die bei der Frage in Abb. 39 mit „Ja" geantwortet haben, wurde diese Frage gestellt. n = 71.

Gefragt wurde weiter, ob die Verzögerung Auswirkungen, nicht nur auf ministeriumsinterne Abläufe, sondern auch für die Bürgerinnen und Bürger habe. 42,3% geben hierzu an, dass dies oft oder sehr oft geschehe und 7%, dass die Bürgerinnen und Bürger immer die Auswirkung spüren. 21,2% sind der Meinung, dies passiere selten oder sehr selten und 2,8% geben an, dass Bürgerinnen und Bürger nie negative Auswirkungen aufgrund der Verzögerungen zu spüren bekommen würden. Für 18,3% ist dies zumindest gelegentlich der Fall (s. Abbildung 40).

Auch in den offenen Kommentaren wurde vor der Verzögerung anderer Fachaufgaben gewarnt:

„*Durch die Beantwortung der Kleinen Anfragen müssen die eigentlichen Kernaufgaben zurückgestellt werden. Dies behindert die Ministeriumsarbeit erheblich und führt häufig zu Verzögerungen z. B. bei der Entwicklung wichtiger Verordnungs-/Gesetzesvorhaben etc.*"

„*[…] Andere wichtige Arbeiten im Referat wie z. B. Gesetzgebung können nicht kontinuierlich bearbeitet werden. Die ständigen Unterbrechungen sind sehr stressig.*"

Ein weiterer Kommentar beschreibt sehr anschaulich die Auswirkungen der Kleinen Anfrage auf nachgeordnete Stellen:

„*Es ist nicht nur die Belastung des Personals im Ministerium zu sehen, sondern auch und gerade im Geschäftsbereich. Häufig muss operativ eigesetztes Personal bei BKA, BfV oder BPol Anfragen zu konkreten fachlichen Fragen beantworten (weil nur dort fachgerecht beantwortet werden kann). Statt Terrorismus oder Extremismus zu bekämpfen, sind sie absorbiert mit der Fragenbeantwortung […].*"

6.3.3 Einstellungen und Praxisverständnis

Allgemeines Verständnis von parlamentarischer Kontrolle

Für eine deutliche Mehrheit der Teilnehmenden von circa 83% können Informations- und Auskunftsrechte unter dem Begriff der parlamentarischen Kontrolle subsumiert werden. Etwas mehr als die Hälfte gibt an, dass die Überprüfung der Implementation von parlamentarischen Beschlüssen am ehesten parlamentarische Kontrolle darstellt. Auch das klassische parlamentarische Budgetrecht erreicht die dritthäufigste Nennung. Nur eine kleine Minderheit sieht die Mitgestaltung der Parlamentarier bei der Implementation als Teil der parlamentarischen Kontrolle. Auffallend ist, dass die informale Nutzung der Kontrolle kein einziges Mal genannt wird, die formale Nutzung der Kontrollinstrumente hingegen von etwa 29% (s. Tabelle 7). Zusätzlich gaben zwei Befragte über die zur Verfügung gestellten Antwortkategorien eigene Antworten an: „Kontrolle der Bundesregierung" und „politisches Kampfmittel".

Gefragt nach der Wichtigkeit der parlamentarischen Kontrollfunktion geben fast 86% an, dass diese im Vergleich mit anderen Funktionen des Parlamentes sehr wichtig oder wichtig ist. Rund 9% geben der Kontrollfunktion hingegen

Zunächst ganz allgemein, was verstehen Sie unter parlamentarischer Kontrolle? (Mehrfachnennung)	
	Häufigkeit in %
Informations- und Auskunftsrechte	83,3
Überprüfen der Implementation bzw. des Vollzugs von parlamentarischen Beschlüssen	54,8
Budgetrecht des Parlaments/Haushaltsrechtliche Prüfung	40,5
Herstellen von Öffentlichkeit	36,9
Demokratische Legitimation der Verwaltung	31
Formale Nutzung der Kontrollinstrumente	28,6
Mitgestalten des Parlaments bei der Implementation	8,3
Vermeidung von Korruption	6
Informale Nutzung von persönlichen Beziehungen	0
keine Angabe	1,2

Tabelle 7 Verständnis von parlamentarischer Kontrolle
Quelle: Eigene Darstellung. Anmerkung: n = 84. Summe ungleich 100% aufgrund von Rundung möglich.

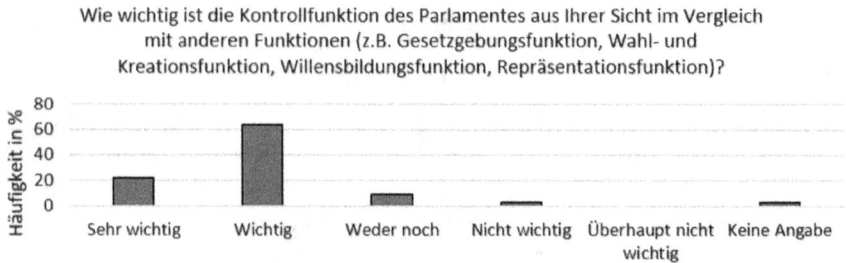

Abbildung 41 Stellung der parlamentarischen Kontrollfunktion im Vergleich mit anderen parlamentarischen Funktionen

Quelle: Eigene Darstellung. Anmerkung: n = 77.

Häufigkeit in %	Stimme vollkommen zu	Stimme zu	Weder noch	Stimme nicht zu	Stimme überhaupt nicht zu	Keine Angabe
Es gibt einen Kernbereich der Ministerialverwaltung, der von der parlamentarischen Kontrolle ausgeschlossen ist	17,1 %	15,8 %	13,2 %	30,3%	17,1 %	6,6 %
Die parlamentarische Kontrolle der Verwaltung betrifft vorrangig die Ministeriumsarbeit, nicht nachgeordnete Verwaltungsträger bzw. nachgeordnete Behörden/Einrichtungen.	7,9 %	23,7 %	34,2 %	28,9 %	3,9 %	1,3 %
Die Beantwortung von parlamentarischen Anfragen ist eine der Kernaufgaben der Ministerialverwaltung.	15,8 %	21,1 %	28,9 %	26,3 %	7,9 %	0 %

Inwieweit stimmen Sie mit folgenden Aussagen überein?

Abbildung 42 Reichweite von parlamentarischer Kontrolle

Quelle: Eigene Darstellung. Anmerkung: n = 76. Angaben sind gerundet. Summe ungleich 100% aufgrund von Rundung möglich.

keinen Vorzug vor anderen Funktionen und noch nicht mal 3% stufen die Kontrollfunktion als nicht wichtig ein (s. Abbildung 41).

Die Teilnehmenden wurden ebenfalls gefragt, wie weit die parlamentarische Kontrolle in den Bereich der Verwaltung eindringen sollte. Eine Mehrheit sieht das Kontrollrecht des Parlamentes uneingeschränkt: 47,4% stimmen der Aussage nicht oder überhaupt nicht zu, dass es einen Kernbereich der Ministerialverwaltung gibt, der von der parlamentarischen Kontrolle ausgeschlossen ist. Dem gegenüber stimmen 32,9%, der Aussage zu, dass ein solcher Bereich existiere.

Von diesen stimmen 17,1% der Aussage sogar vollkommen zu. Etwas unklarer ist das Bild bei der Frage, ob die parlamentarische Kontrolle vorrangig nur die Ministeriumsarbeit betrifft und nicht nachgeordnete Behörden. Hier verteilen sich die Angaben in etwa gleich. 31,6% stimmen dieser Aussage zu bzw. vollkommen zu, 32,8% stimmen dieser Aussage dagegen nicht oder überhaupt nicht zu, während 34,2% der Aussage weder zustimmen noch ablehnen. Das Meinungsbild zur Aussage, ob die Beantwortung von parlamentarischen Anfragen eine Kernaufgabe der Ministerialverwaltung darstellt, bleibt unklar. 15,8% stimmen der Aussage vollkommen zu, 21,1% stimmen zu. Auf der anderen Seite stimmen 26,3% dieser Aussage nicht zu, während 7,9% dieser Aussage überhaupt nicht zu stimmen (s. Abbildung 42).

Bewertung des Anfrageverhaltens von Abgeordneten

Nach der persönlichen Einstellung zur parlamentarischen Kontrolle, wurden die Befragten auch nach ihrer persönlichen Einstellung zu KA als Teil der parlamentarischen Kontrolle und nach ihrer Meinung zum Frageverhalten der Abgeordneten befragt. Die Ergebnisse hierfür sind in Abbildung 43 zu sehen.

Nach Einschätzung von knapp der Hälfte der Befragten werden KA meist nicht für die parlamentarische Kontrolle der Verwaltung benutzt. Nur 3,9% stimmen dieser Aussage nicht zu, während niemand der Befragten ihr überhaupt nicht zustimmt. Gleichzeitig sind 39,5% der Meinung, dass diese Aussage weder zutrifft noch nicht zutreffen ist. Weiter nachhakend stimmt eine Mehrheit der Befragten dem öfter aufkommenden Vorwurf, KA würden dazu benutzt zumindest Teile der Ministerialverwaltung lahm zu legen, zu. Fast 40% stimmen dieser Aussage sogar vollkommen zu, während ihr keiner der Befragten überhaupt nicht zustimmt. Damit sind es rund 67% die dieser Aussage (vollkommen) zustimmen.

Genau 50% der Befragten stimmen weiter der Aussage zu, dass KA als Arbeitsnachweis für die Abgeordneten dienen würden. Nur 10,6% stimmen dieser Aussage nicht oder überhaupt nicht zu. Auffallend ist auch der relativ hohe Anteil von ca. 16% an Befragten, die „Keine Angabe" als Antwortkategorie auswählten.

Den Abgeordneten wird von einer großen Mehrheit von 73,7% der Befragten bescheinigt, dass diesen oft nicht klar sei, welchen Arbeitsaufwand die KA auslösen. Lediglich 5,3% stimmen an dieser Stelle nicht zu und 1,3% stimmen überhaupt nicht zu. 14,5% stimmen weder zu noch nicht zu.

Eine Mehrheit der Befragten ist ebenfalls der Meinung, dass es häufig vorkommt, dass gleich- oder sehr ähnlich lautende KA innerhalb kurzer Zeitabstände beantwortet werden müssen. 16,9% geben an, dass dies sehr oft und

Inwieweit stimmen Sie mit folgenden Aussagen überein?

Häufigkeit in %	Stimme vollkommen zu	Stimme zu	Weder noch	Stimme nicht zu	Stimme überhaupt nicht zu	Keine Angabe
Kleine Anfragen werden von den Abgeordneten meist nicht für die Kontrolle der Verwaltung benutzt, sondern für andere Zwecke.	13,2 %	38,2 %	39,5 %	3,9 %	0 %	5,3 %
Kleine Anfragen werden oft absichtlich dazu benutzt, Teile der Ministerialverwaltung zu beschäftigen.	39,5 %	27,6 %	18,4 %	11,8 %	0 %	2,6 %
Kleine Anfragen dienen als Arbeitsnachweis für Abgeordnete.	17,1 %	32,9 %	23,7 %	5,3 %	5,3 %	15,8 %
Den Abgeordneten ist oft nicht klar, welche Arbeitsbelastung sie mit Kleinen Anfragen auslösen.	32,9 %	40,8 %	14,5 %	5,3 %	1,3 %	5,3 %

Abbildung 43 Einschätzung von Kleinen Anfragen und Abgeordnetenverhalten
Quelle: Eigene Darstellung. Anmerkung: n = 76. Summe ungleich 100% aufgrund von Rundung möglich.

59,7%, dass dies oft geschehe. Lediglich 13% sind der Meinung, dies geschehe selten, während 6,5% die mittlere Kategorie weder noch angeben (s. Abbildung 44).

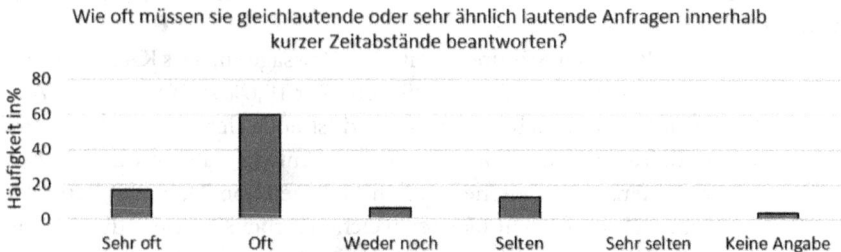

Abbildung 44 Häufigkeit von ähnlichen Kleinen Anfragen
Quelle: Eigene Darstellung. Anmerkung: n = 76.

Ein gemischtes Bild ergibt sich bei der Einschätzung der Teilnehmenden, ob die Abgeordneten mit der Beantwortung durch die Ministerialverwaltung zufrieden sind. Auf einer 10-Bewertungsskala gaben 7,8% eine eins oder zwei an, sind also der Meinung, dass die Abgeordneten äußert zufrieden sind mit der Bearbeitung. 31,6% sind der Meinung, dass die Abgeordneten immerhin noch zufrieden mit ihrer Arbeit sind. In etwa gleich viele Teilnehmende, 32,9%, geben die Werte 5 und 6 als mittlere Werte an. 19,7% sind der Meinung, dass die Abgeordneten nicht zufrieden sind mit der Beantwortung KA und lediglich 2,6% sind der Meinung, dass die Abgeordneten damit überhaupt nicht zufrieden sind (s. Abbildung 45).

Die Teilnehmenden nutzen ebenfalls die Möglichkeit der Kommentarfelder und gaben ihre Ansichten bezüglich dem Frageverhalten der Abgeordneten wieder. Zwei Kommentare beschäftigen sich mit den Fragestellungen, die die Abgeordneten formulieren:

„Die Fragestellungen sind oft so offen/bzw. unklar, dass keine gute Bearbeitung erfolgen kann. Oft fragt man sich dann, was will der Anfrager eigentlich wissen".

„Die manchmal offenbar zu geringe Sachkenntnis der Fragesteller führt zur Verwendung unklarer (d.h. auslegungsbedürftiger) Begriffe. Da klärende Nachfragen in der Regel nicht möglich sind, kann die erforderliche Auslegung der Frage(n) dazu führen, dass die Beantwortung an der vom Fragesteller intendierten Zielsetzung vorbeigeht. Die Folge sind Nachfragen der Fragesteller und damit doppelter Aufwand bei der Beantwortung."

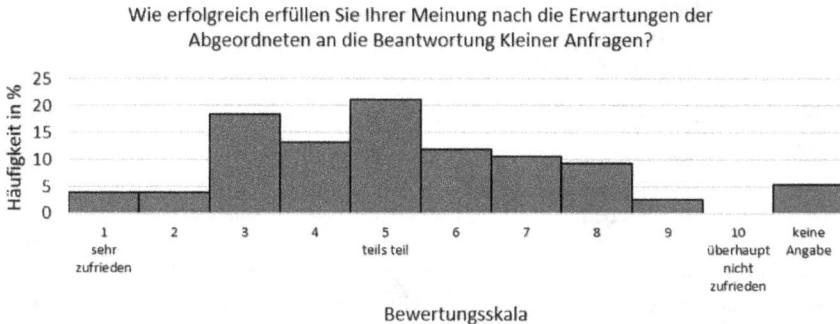

Abbildung 45 Einschätzung der Zufriedenheit der Abgeordneten mit der Beantwortung Kleiner Anfragen

Quelle: Eigene Darstellung. Anmerkung: Dargestellt ist die Häufigkeitsverteilung in Prozent mit n = 76.

In einigen Kommentaren wird die Legitimität der parlamentarischen Kontrolle und der KA anerkannt, aber angezweifelt, ob sie ihrer intendierten Kontrollwirkung, ob der Formulierung, gerecht werden:

„Kleine Anfragen sind ein sinnvolles und legitimes Mittel der parlamentarischen Kontrolle. Allerdings erhärtet sich der Eindruck, dass Kleine Anfragen häufig nicht sinnvoll gestellt sind und damit auch ihre Funktion nicht erfüllen. [...]"

Dabei wird auch Kritik an der Motivation der Abgeordneten geübt. Oft würden diese explizit nicht für Kontrollzwecke eingesetzt. Dazu heißt es weiter im selben Kommentar:

„ [...] Oder nur noch gestellt werden, um die vermeintlich faule Ministerialverwaltung zum Arbeiten zu bringen. Hier werden personelle Ressourcen in den Ministerien verschwendet, die oft besser für andere Aufgaben zur Verfügung gestellt werden sollten."

In die gleiche Kerbe schlägt ein weiterer Kommentar, demnach „parlamentarische Anfragen nicht nur zur Kontrolle, sondern auch zur Beschäftigung der Ministerien gestellt werden". Diese Meinung wird nochmals aufgegriffen und den Abgeordneten werden verschieden möglich Motive unterstellt:

„Mein persönlicher Eindruck ist, dass Anfragen sehr häufig nicht tatsächlich darauf abzielen, Neues zu erfahren oder die Regierung zu kontrollieren. Dahinter scheint auch der Ansatz zu stecken, die Regierung zu ärgern bzw. nur intern oder ggfl. der Öffentlichkeit nachweisen zu können, dass man tätig war. [...]"

In diesem Zusammenhang kritisiert ein/-e weiter/-e Kommentator/-in das Unwissen, wie viel Arbeitsaufwand die geforderten Daten benötigen:

„Den Abgeordneten ist zumeist nicht bewusst, dass viele Daten in den Ministerien nicht vorhanden sind, sondern erst aufwendig ermittelt werden müssen. Damit ist der nachgeordnete Bereich komplett beschäftigt. [...]".

Dies sieht ein anderer Teilnehmender ähnlich und formuliert vorsichtig im Konjunktiv:

„Manche Art Anfragen könnten auch gezielt dafür eingesetzt werden, die Ministerialverwaltung zeitweise komplett lahmzulegen".

Ein weiterer Kommentar sieht zumindest gelegentlich eine missbräuchliche Verwendung des Frageinstruments und verbindet dies mit dem Zeitpunkt, an dem die KA gestellt werden:

„Die Häufung und Detailliertheit zahlreicher Kl. Anfragen wirkt gelegentlich missbräuchlich, insbesondere, wenn diese vermehrt vor Feiertagen wie Weihnachten oder Ostern gestellt werden (und die Fragesteller selber und ihre Mitarbeiter in Parlamentsferien gehen) Die zu kontrollierenden Regierungsmitglieder werden dadurch weniger getroffen als diejenigen Mitarbeiter, die in Vertretung für Kollegen tätig werden müssen. Das erhöht zugleich die Fehleranfälligkeit."

Außerdem wird in den Kommentaren die, nach Meinung der entsprechenden Teilnehmenden, oft fehlende Auswertung oder Weiterbearbeitung der Antworten der Bundesregierung auf KA kritisiert. Dies wertet ein Teilnehmender als Hinweis auf ein Frageverhalten, dass zumindest in Ansätzen nicht der Kontrolle dient:

> *„Aus BK-Kreisen wurde berichtet, dass es den Oppositionsparteien im Bundestag an Personal fehlt, um die Antworten auf gestellte Anfragen überhaupt auszuwerten. Dies ist ein Indiz, das Kleine Anfragen in einigen Fällen nicht als Kontrollinstrument, sondern als Beschäftigungstherapie missbraucht werden."*

Diese wird von einem Teilnehmenden als Desinteresse oder Unkenntnis interpretiert:

> *„Am meisten frustriert die Vorstellung, dass der Fragende diese Details wahrscheinlich nicht versteht und/oder sie ihn oder andere tatsächlich auch nicht interessieren".*

Einstellung gegenüber Kleine Anfragen

Bei der Einschätzung, ob KA ein geeignetes Mittel darstellen, um parlamentarische Kontrolle zu gewährleisten, ist auffallend, dass sich mehr als die Hälfte der Befragten, fast 54%, einer klaren Zustimmung oder Ablehnung entzieht. Etwa ein Drittel stimmt hingegen der Aussage zu bzw. vollkommen zu und weniger als zehn Prozent stimmen der Aussage nicht oder überhaupt nicht zu. Unabhängig von der tatsächlichen Kontrollwirkung von KA sind sich die meisten Teilnehmenden der Befragung jedoch einig bei der Bewertung, ob die Ressourcenbindung, die weiter oben beschrieben wird, im Vergleich zu ihrer Wirkung, unverhältnismässig erscheint. 36,8% stimmen dieser Aussage zu und 47,4% stimmen dieser Aussage vollkommen zu, während nur jeweils 1,3% der Aussage nicht oder überhaupt nicht zustimmen (s. Abbildung 46).

Inwieweit stimmen Sie mit folgenden Aussagen überein?

Häufigkeit in %	Stimme vollkommen zu	Stimme zu	Weder noch	Stimme nicht zu	Stimme überhaupt nicht zu	Keine Angabe
Kleine Anfragen binden unverhältnismäßig viele Ressourcen im Referat im Vergleich zu ihrer Wirkung.	47,4 %	36,8 %	13,2 %	1,3 %	1,3 %	0 %
Kleine Anfragen sind ein gutes Mittel, um die parlamentarische Kontrolle über die Verwaltung sicherzustellen.	9,2 %	23,7 %	53,9 %	6,6 %	3,9 %	2,6 %

Abbildung 46 Einstellung gegenüber Kleine Anfragen
Quelle: Eigene Darstellung. Anmerkung: n = 76. Summe ungleich 100% aufgrund von Rundung möglich.

Rücklauf ist auch bei der Bewertung der KA als Frageinstrument in den offenen Kommentaren zu verzeichnen. Ein Kommentar macht auf die große Varianz und Zwiespältigkeit bei KA aufmerksam, die nicht per se belastend und sinnlos seien:

> *„Es gibt Kleine Anfragen, deren Berechtigung man gut nachvollziehen kann und die man gerne beantwortet. Teilweise helfen Kleine Anfragen, dass eigene Thema öffentlich näher zu beleuchten und ggf. mehr Aufmerksamkeit dafür zu erhalten. Es gibt aber auch zahlreiche Kleine Anfragen, die in riesigen Zahlen- und Tabellenfriedhöfen münden und bei denen man sich nicht vorstellen kann, dass das irgendjemand sinnvoll auswerten kann, denn die Kapazitäten bei den Abgeordneten und Fraktionen sind ja auch begrenzt."*

Ein weiterer Kommentar unterstützt die letzte Aussage des vorangegangenen, wonach die Verwertbarkeit bei manchen KA anzuzweifeln sei:

> *„[…] Bei manchen Kl. Anfragen – vor allem wenn Finanzdaten aus mehr als 10 Haushaltsjahren abgefragt werden- ist nicht ersichtlich, welche Schlussfolgerungen für die politische Arbeit daraus gezogen werden soll."*

In eine ähnliche Richtung geht ein weiterer Kommentar, der den Mehrwert von KA in Frage stellt:

> *„Es ist vielfach nicht nachvollziehbar, welchen Mehrwert die Antwort der Bundesregierung auf eine Kleine Anfrage für die parlamentarische Arbeit generiert. Eine Vielzahl der erfragten Informationen ist bereits vor der Beantwortung der Kleinen Anfrage öffentlich zugänglich. Insofern ist das gegenwärtige Verfahren ineffizient."*

Dasselbe Problem thematisiert ein zweiter Kommentar, der auf auch auf die Mehrarbeit bei bereits vorhandenen Informationen hinweist:

> *„[…] In vielen Fällen liegen die Antworten schon lange vor, es kann auf frühere Antworten verwiesen werden – aber auch das macht Arbeit, ohne dass es Mehrwert generieren könnte. Die eigentliche Arbeitsqualität der Verwaltung sinkt dadurch insgesamt deutlich."*

Einige Kommentare weisen auch auf die Auswirkungen auf die Qualität der Ergebnisse hin, die durch hohe Belastung leiden:

> *„[…] Die Antworten sind hingegen wegen der Kürze der Bearbeitungszeit und der u.U. nicht mehr vollständigen Verfügbarkeit aller erbetenen Informationen (z.B. wegen Ablauf der Aufbewahrungsfristen von Akten) weniger belastbar und damit von geringerer Qualität."*

6.3.4 Reformbedürftigkeit und Reformvorschläge

Eine große Mehrheit der Befragten sehen einen dringenden Reformbedarf im Antwort- und Bearbeitungsverfahren von KA. Insgesamt bewerten rund 82% der Befragten den Reformbedarf als dringend oder sehr dringend (s. Abbildung 47).

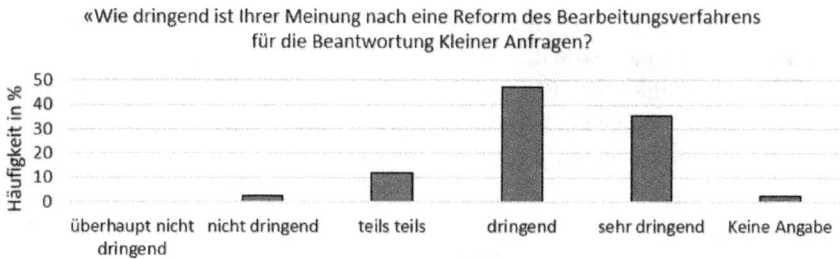

«Wie dringend ist Ihrer Meinung nach eine Reform des Bearbeitungsverfahrens für die Beantwortung Kleiner Anfragen?

Abbildung 47 Reformbedürftigkeit des Bearbeitungsverfahren
Quelle: Eigene Darstellung. Anmerkung: n = 76.

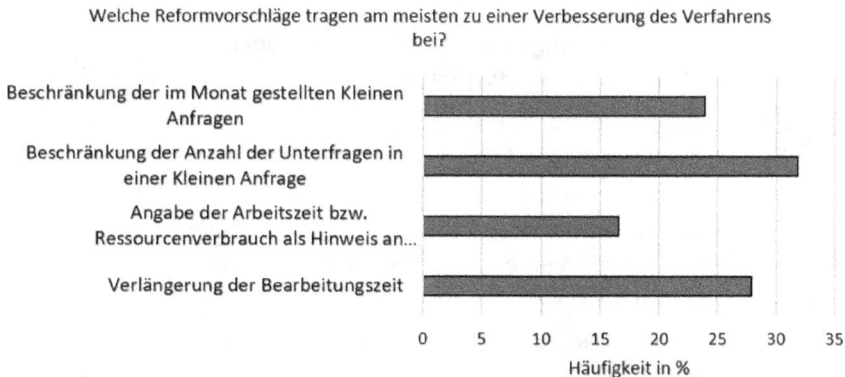

Welche Reformvorschläge tragen am meisten zu einer Verbesserung des Verfahrens bei?

Abbildung 48 Bewertung von Reformvorschläge
Quelle: Eigene Darstellung. Anmerkung: n = 76. Mehrfachnennung möglich.

Die Befragten werden auch konkreter und bewerten aus der Literatur entnommene Reformvorschläge, wie in Abbildung 49 zu sehen ist. Die größte Zustimmung findet die Beschränkung der Unterfragen innerhalb einer KA mit ungefähr 32%, gefolgt von der Verlängerung der Bearbeitungszeit mit rund 28%.

Den Befragten wurde ebenfalls die Möglichkeit eingeräumt, in einem offenen Kommentarfeld die Begründung für ihre Angaben oder weitere, aus ihrer Sicht sinnvolle Reformvorschläge anzugeben. Über die vorgegebenen Reformvorschläge hinaus wurden von den Befragten eigene Vorschläge gemacht. Eine Zusammenfassung der genannten Vorschläge findet sich am Ende dieses Kapitels in Abbildung 49.

Ein Großteil der Reformvorschläge zielt auf verschiedener Art und Weise auf eine Beschränkung ab. So wird, einhergehend mit dem Antwortverhalten, eine Begrenzung vor allem der Einzel- und Unterfragen hervorgehoben, aber auch die Begrenzung von gleichzeitig eingehenden KA wird befürwortet. Davon würden auch die Abgeordneten profitieren, so der Kommentar einer/-es Befragten, denn eine „quantitative Beschränkung der Fragemöglichkeit würde sich positiv auf die Qualität der Fragen wie auch die Beantwortung auswirken". Allerdings wird in den Kommentaren auch auf eine Einschränkung der Beschränkung verwiesen:

> *„Eine Verlängerung der Antwortfrist würde die Erwartungen an die Antwort erhöhen, zum Beispiel, dass eigens dafür qualitativ neue Fakten erarbeitet werden müssten durch Abfragen bei Ländern, Trägern, Literaturrecherche etc."*

Ein weiterer Kommentar bringt die inhaltliche Beschränkung ins Spiel als Reaktion auf die teils mehrere Legislaturperioden umfassenden Abfragen in KA:

> *„Der Betrachtungszeitraum von Kleinen Anfragen ist teilweise immens (bis zu Adam und Eva). Hier könnte eine Begrenzung auf 1 bis 2 LP [Legislaturperioden, Anm. d. Autors] sinnvoll sein".*

Gleichzeitig sind den Befragten auch die Grenzen von Beschränkungen deutlich, die sich insbesondere aus dem hohen Stellenwert des Fragerechts der Abgeordneten ergibt. So formuliert ein/-e Teilnehmende/-r:

> *„Jede Art der Beschränkungen der Anzahl der (Unter-)Fragen wäre auch effektiv, würde aber das parlamentarische Fragewesen vermutlich unzulässig reglementieren."*

Die aktuelle Rechtsprechung, die dem Fragerecht unzweifelhaft diesen hohen Stellenwert einräumt, wird in einem Kommentar weiter kritisiert:

> *„Als Reaktion auf die Verfassungsrechtsprechung, die zu stark erhöhten Anforderungen geführt hat, sollten Spielräume bei den Antworten wieder eingeführt werden".*

Ähnlich äußert sich ein weiterer Befragter, der den eingeengten Spielraum der Ministerialverwaltung vor allem als Problem bei KA mit erheblichen Informationsverlangen sieht und mehr Flexibilität fordert:

> *„Die vorgegebene strikte Einhaltung von Fristen der Vorlage erscheint manchmal lächerlich angesichts der umfassenden und tiefgehenden Inhalte. Hier sollte größere Entspanntheit, i.e. Möglichkeit für begründeten Verzug, eingeführt werden."*

Auch die aufgeblähten KA, mit vielen Unterfragen selbst, die nach Meinung der Ministerialverwaltung eher dem Umfang einer Großen Anfragen entsprechen würden, werden als Problem gesehen. Deswegen wird in einem Kommentar eine klare und vor allem „rechtssichere Definition dessen, was noch als Kleine

Anfrage anzusehen ist und wie hoch folglich der Aufwand sein muss/darf, der dazu einzusetzen ist" gefordert. In dieselbe Richtung gehen Vorschläge, bei denen Abgeordnete aufgefordert werden, KA, die nach Meinung der Ministerialverwaltung bereits den Umfang einer KA überschritten haben, als Große Anfrage zu stellen:

> *„Die hohe Zahl von Unterfragen bei Kleinen Anfragen [...] führt oft zu einem in der gegebenen Frist schwer zu erfüllenden Aufwand. Hier wäre es sinnvoll, die Fragen jeweils als die eigentlich vorgesehene Fragenkategorie (Große Anfrage [...]) zu stellen."*

Ein weiterer Kommentar unterstützt diese Forderung und nimmt einzelne bereits beschriebene Kritikpunkte und Reformvorschläge auf:

> *„Es sollte eine inhaltliche/zahlenmäßige Begrenzung für Kleine Anfragen eingeführt werden. Eine KA mit 15 Fragen, die oft jeweils mit bis zu 10 Unterfragen – insbesondere nach zeitlicher Aufteilung bis zu 20 Jahre zurück oder nach [Bundesland] aufgegliedert – versehen ist, kann nicht mehr wirklich eine KA sein, dann sollte diese ehrlicherweise als Große Anfrage mit zeitlichem Beantwortungsspielraum im Ermessen der BReg gestellt werden"*

Vereinzelt wurde auch auf die damit verbundene Selbstkontrolle der Abgeordneten abgezielt:

> *„Das parlamentarische Fragerecht ist wichtig, aber seine Nutzer sollten mit Augenmaß davon Gebrauch machen".*

Von einer/-m Teilnehmenden wird insbesondere die Chance der Digitalisierung hervorgehoben:

> *„Ein digitalisierter Abfrageprozess würde die Übermittlungswege extrem beschleunigen. Die Bundestagsverwaltung arbeitet noch mit FAX! [sic!]".*

Abschließend schlägt ein/-e Befragte/-r vor, dass, statt der allgemeinen Fristverlängerung, bei der Fristberechnung Feiertage, Ferien und Wochenenden nicht mitgezählt werden und gibt ein anschauliches Beispiel, wie sich die knappe Frist dadurch noch weiter verkürzen kann:

> *„Dass die starre 2-Wochen-Frist auch über die o.g. Feiertage gilt, steht im Widerspruch zum Institut der gesetzlichen Feiertage, da die effektive Bearbeitungszeit an Werktagen oft nicht einmal eine Woche beträgt (z.B. Eingang der Frage am Fr., 21.12.18, (24.+31.12. dienstfrei, 25.+26.12. sowie 1.1. ges. Feiertage) d.h. Fristablauf Fr. 4.1.19 = 5 Arbeitstage."*

Ein weiterer Kommentar sekundiert dieser Meinung und sieht dies auch in der Verantwortung der Kabinetts- bzw. Parlamentsreferate:

> *„Die zeitliche Steuerung durch die Kabinettsreferate könnte besser sein. Oft kommen mehrere Fragen gleichzeitig und oft am Freitagnachmittag oder vor Feiertagen, sodass schon 2–3 Tage der vorgeschriebenen Antwortzeit entfallen."*

Zum Schluss thematisiert ein Kommentar unter anderem den Zusammenhang von Abgeordnetenzahl und Anzahl der Kleinen Anfragen:

> *„[...] Eine Reduzierung der Abgeordnetenzahl oder eine Reduzierung der vielen Unterfragen wäre hilfreich."*

In der folgenden Abbildung sind die in den offenen Kommentaren abgegeben Reformvorschläge nochmals schlagwortartig in einer Übersicht zusammengefasst.

- Einführung eines digitalen Workflows
- Rechtssichere Definition der Anforderung einer KA und der einzusetzenden Ressourcen
- Beachtung von Feiertagen, Ferien und Wochenenden bei der Fristberechnung
- Verweis auf Große Anfrage
- Begrenzung des Abfragezeitraums (z.B. auf bestimmte Legislaturperioden)
- Streichung der Vorbemerkung bei von KA
- Mehr Spielraum bei der Beantwortung KA: Einführung eines «begründeten Verzugs» bei aufwendigen KA
- Deutliche Reduzierung der Frist
- Reduzierung der Abgeordnetenzahl
- Öffentliche Nachweispflicht der parlamentarischen Konsequenzen einer KA
- Stärkung der informalen Kontakte
- Beschränkung der KA zum selben Thema innerhalb von 6 Monaten
- Verzicht auf Analysen sowie Darstellungen von Zeitreihen und Tabellen etc.

Abbildung 49 Genannte Reformvorschläge in qualitativen Angaben der Befragten
Quelle: Eigene Zusammenstellung.

7 Diskussion

Die Antworten der Befragten liefern ein umfassendes Bild über die Auswirkungen der KA auf die Ministerialverwaltung und ihrer Beschäftigten. In Anlehnung an die Gliederung des Kapitels 6.3 werden in den folgenden vier Teilabschnitten die Ergebnisse diskutiert und die Forschungsfrage beantwortet.

7.1 Arbeitsbelastung

Die Angaben zur Arbeitsbelastung legen nahe, dass, wie vermutet, KA durchaus eine hohe Belastung bei den Beschäftigten auslösen. Sowohl der TLX-Index als auch die univariate Belastungsangabe befinden sich am Anfang des höchsten Drittels auf der 10-Skala. Es ist allerdings nicht klar, wie sich die Arbeitsbelastung durch KA im Vergleich mit der Arbeitsbelastung durch andere Aufgaben verhält. Hier sollte in zukünftiger Forschung ein Vergleich mit anderen Aufgaben eingebaut werde. Zudem kann eine hohe signifikante Korrelation der beiden Belastungswerte beobachtet werden, was auf eine interne Konsistenz der Belastungsangaben hinweist.

Die Dimensionen des TLX geben Aufschluss darüber, warum die Belastung als hoch eingestuft wurde. Den höchsten Wert der fünf Dimensionen erreicht die Dimension Zeitdruck. Der Anstieg, der weiter oben beschrieben wurde, ist also auch deutlich in der Ministerialverwaltung angekommen und erhöht durch die Frequenz der Beantwortungen die Arbeitsbelastung. Allerdings steigt nicht nur die Belastung durch die Frequenz der KA, diese werden auch vielschichtiger und inhaltlich tiefer. Dies zeigt sich daran, dass die geistige Anstrengung von über 90% der Befragten als sehr hoch oder hoch eingestuft wird. Die Beantwortung von KA wird also als anspruchsvoll empfunden und erfordert hohe kognitive Anstrengung bei Recherche, Zusammenstellung und Bearbeitung. Die Komplexität der KA zeigt sich auch in den Kommentaren und in der hohen Zustimmung zur Arbeitsbelastung durch die Zahl der (Unter-)Fragen. Außerdem auch in den hohen Werten der TLX-Dimension Anstrengung, wonach die Befragten hart arbeiten müssen, um KA zu beantworten. Damit kommen zwei verschiedene Entwicklungen zusammen, die einen hohen Zeitdruck mit entsprechender Belastung und Auswirkung auf das Tagesgeschäft auslösen.

Interessant ist, dass sich die Belastungsangaben der Kontrollgruppe mit niedrigem BQ kaum von denen mit hohem BQ unterschieden und diese sogar leicht übersteigen. Drei mögliche Erklärungen sind hierfür denkbar. Erstens könnte es sein, dass sich hier die bereits genannte Tendenz zum Jammern manifestiert und die Befragten dazu tendieren hohe Belastungswerte anzugeben. Zweitens könnte die Belastung durch KA auch in Häusern mit niedrigem BQ als hoch einzustufen sein. Wahrscheinlicher ist aber der Umstand, dass sich die Befragten bei der Beantwortung des Fragebogens dieser Arbeit auf Negativbeispiele von KA konzentrierten. So kann der Umstand erklärt werden, dass, trotz geringeres Arbeitspensums, die Belastungsangaben beinahe gleich sind, da die Dynamiken, die eine hohe Belastung auslösen in allen Ministerien gleich sind. Es kann daher angenommen werden, dass die Befragten bei der Beantwortung solche KA im Blick hatten, die eine deutliche Arbeitsbelastung auslösen. Diese, hier in Anlehnung an Gabriel und Holtmann (2005, S. 203) als Extremfälle betitelten KA, hatten mit hoher Wahrscheinlichkeit einen prägenden Einfluss auf das Antwortverhalten, vor deren Hintergrund die Antworten auch gesehen werden müssen.

7.2 Auswirkungen und Funktionsfähigkeit

Die Auswirkungen, die KA besitzen und im theoretischen Kapitel erläutert worden sind, lassen sich nach Auswertung der Befragungsergebnisse bestätigen. Es ist offensichtlich, dass die Fachreferate durch die Bearbeitung von KA andere Fachaufgaben zurückstellen müssen, da es sowohl an Zeit als auch an Personal mangelt. Hier konnte eine sehr große Zustimmung von etwas über 90% bei den Befragten festgestellt werden.

Die Annahme der priorisierten Bearbeitung von KA aus dem theoretischen Teil wurde von den Befragten ebenfalls bestätigt. Die hohe Stellung der KA in der internen Bearbeitungshierarchie verstärkt den Mangel an Ressourcen für andere Fachaufgaben. Unklar ist, ob wirklich Sanktionen dafür verantwortlich sind. Grund könnte schlicht sein, dass durch die nur geringe reelle Bearbeitungszeit eine priorisierte Bearbeitung notwendig wird. Gleichwohl existieren, laut den Angaben in der Befragung, Sanktionen für die Fachreferate, sollten die Abgeordneten nicht zufrieden mit der Antwort sein. Die Antworten zeigen wenngleich auch, dass diese wohl nicht der ausschlaggebende Punkt in der Priorisierung sind, da mehr Befragte negative Konsequenzen verneinen als bejahen. Meistens ist dies die Nachfrage im Rahmen weitere KA, welche wiederum weitere Arbeitsbelastung auslöst.

Ist die Belastung nun aber nicht mehr nur geringfügig, was möglicherweise eine Einschränkung des Fragerechts der Abgeordneten durch die KA rechtfertigen könnte? Ein abschließendes Urteil, ob das aktuelle Frageverhalten bei KA eine nicht nur geringfügige Beeinträchtigung der Funktionsfähigkeit darstellt, kann hier nicht getroffen werden, da nur drei Ministerien befragt wurden und eine Übertragung der Antworten auf die gesamte Ministerialverwaltung nicht geboten erscheint. Aus den Antworten können jedoch Strukturen abgeleitet werden, die das gesamte Frageverhalten betreffen. Es kann als sicher gelten, dass es über Einzelfälle hinaus eine starke Belastung durch KA gibt, welche sich auch auf andere Fachaufgaben auswirken. Andere, teils von den Teilnehmenden als wichtiger eingestufte Arbeit, kann nicht erledigt werden, da die personellen und zeitlichen Ressourcen nicht mehr zur Verfügung stehen. Dies verdeutlicht insbesondere die hohe Zustimmung zu Aussagen bezüglich des Mangels von Zeit und Personal durch die Bearbeitung von KA. Auch die Berechnungen der personellen Auslastung verdeutlichen die prekäre personelle Situation, die durch KA entstehen kann. In etwa der Hälfte der befragten Referate wird mit einer KA zwischen 21% und 40% der verfügbaren Personalressourcen gebunden. 13% haben gar eine Auslastungsquote von 50% und mehr. Auch wenn diese Angaben aufgrund der Selbsteinschätzung mit Vorsicht zu betrachtet sind, illustrieren sie doch den großen personellen Aufwand, den die Bearbeitung von KA verursacht, denn hier handelt es sich nur um *eine* KA. Kommen mehrere KA zeitgleich zusammen kann die Belastung dann durchaus den Großteil der personellen Ressourcen beschäftigten. Im Umkehrschluss bedeutet dies, dass mehr Personal notwendig wäre, um die gleichbleibende Qualität der Verwaltungsarbeit sicherzustellen, denn durch die Verzögerung leidet in einer Mehrheit der Fälle die Qualität der zurückgestellten Aufgaben. So gaben nur rund 18% der Befragten an, dass die aufgeschobenen Aufgaben „selten", „sehr selten" oder „nie" nicht mehr zufriedenstellend beantwortet werden können.

Des Weiteren gibt ca. die Hälfte der Befragten an, dass mit der Verzögerung der Fachaufgaben oft, sehr oft oder immer negative Auswirkungen auf die Bürgerinnen und Bürger verbunden sind, wohingegen dies etwa ein Viertel der Befragten verneinen. Die Auswirkungen besitzen daher alle Eigenschaften, die eine „nicht nur geringfügige Beeinträchtigung" konstituieren und es zeigt sich, dass es unter den Befragten eine hohe Zustimmung dafür gibt, dass die Dynamiken einer Beeinträchtigung der Funktionsfähigkeit so auch in ihrem Alltagsgeschäft bzw. der Praxis vorzufinden sind.

Dabei können diese allgemeinen Aussagen nicht auf das gesamte Anfragewesen der KA übertragen werden. Es ist sicherlich nicht geboten den KA per se zu unterstellen, sie würden die Funktionsfähigkeit nicht nur geringfügig beeinträchtigten. So ist es zwar richtig, dass sich das Arbeitspensum von KA deutlich unterscheidet, allerdings ist es möglich, mit den Angaben der Befragten, insbesondere durch die offenen Kommentare der Befragten, eine bestimmte Art von KA zu charakterisieren, die weiter oben als Extremfälle betitelt wurden. Im Lichte der Ergebnisse der Umfrage erscheint es sinnvoll, sich mit diesen

Extremfällen näher auseinanderzusetzen, um, über nur allgemeinen Aussagen hinaus, Schlüsse zu ziehen und konkreten Reformvorschlägen zu diskutieren. Die Arbeitsbelastung durch Zeitdruck und Zeitmangel und die hohe personelle Ressourcenbindung mit ihrem die Funktionsfähigkeit beeinträchtigenden Effekt dürften nicht nur allein auf Extremfällen zurückzuführen sein. Allerdings erscheint es logisch, dass diese gerade bei Extremfällen und durch Extremfälle im Besonderen ausgelöst werden. Daraus lässt sich schließen, dass solche Extremfälle geeignet sind, erhebliche Auswirkungen auf die Performanz der Verwaltung zu haben. Sie sind am ehesten geeignet, die Funktionsfähigkeit der Verwaltung nicht nur geringfügig zu beeinträchtigen, da sie unverhältnismässig viele Ressourcen binden und, so auch die Kommentare der Befragten, keinesfalls im Verhältnis zu ihrem Nutzen stehen. Insbesondere kleinere Fachreferate werden damit stark belastet. Ziel ist es daher, diese Fälle zu definieren und anhand der Charakterisierung zu Lösungsvorschlägen zu kommen, mit denen die Extremfälle eingehegt werden können.

Extremfälle zeichnen sich durch viele Teil- und Unterfragen aus, die nach einem thematisch breiten und tiefen Sachverhalt fragen, zum Beispiel Fragen, die Auskünfte über die gesamte Bundesregierung oder über einen längeren Zeitraum fordern, sodass umfassende Recherchearbeit notwendig ist. Dadurch sind viele verschiedene Stellen in und auch außerhalb des eigenen Hauses betroffen, mit den damit verbundenen Übermittlungs- und Abstimmungsprozessen, die die Bearbeitungszeit einschränken. Zweifelhaft bleibt, wie frequentiert solche Extremfälle auftreten. In weiterführender Forschung sollte daher mit größerem Fokus auf Extremfälle als Forschungsobjekt abgezielt werden, um deren Ausmaß näher zu bestimmen. Ein Blick in die Auswertung der Seitenzahlen der Antworten auf KA (s. Kapitel 4.8) könnte erste Anhaltspunkte liefern. Allerdings müsste vorher definiert werden, ab welchem Umfang der Antwort die KA als Extremfall einzustufen ist. Gilt dies ab 30 Seiten (Anteil von ca. 10%), ab 60 (Anteil von 3,1%) oder gar erst ab 100 (Anteil von 1,7%)? Klar ist, dass Extremfälle die Minderheit bleiben, ihre Zahl jedoch nicht zu ignorieren ist. So stellt auch Hündermund „die inhaltlichen Auswüchse einer nicht zu unterschätzenden Zahl an Anfragen" (2018, S. 475) in seiner qualitativen Untersuchung von KA fest. Die Frage nach der Frequenz führt jedoch teilweise in die Irre, denn Extremfälle sind in jedem Falle mit starken Auswirkungen behaftet. Auch wird dies die Häuser und Referate unterschiedlich betreffen, abhängig von politischer und medialer Aufmerksamkeit eines Themas. An den problematischen Auswirkungen von Extremfällen kann nach dieser Befragung jedoch kein Zweifel mehr bestehen.

7.3 Einstellungen und Praxisverständnis

Die Auswirkungen von Extremfällen prägen auch den Eindruck der Befragten über das Frageverhalten der Abgeordneten. In den offenen Kommentaren wird sehr oft auf solche Negativbeispiele abgezielt. Solche Extremfälle werden als „missbräuchlich" und als „Überstrapazierung" des Fragerechtes gesehen. Diese werden insbesondere dann als missbräuchlich empfunden, wenn den Beschäftigten nicht klar ist, welchen Mehrwert die Abgeordneten für die parlamentarische Kontrolle aus der Antwort ziehen können. Oftmals wird dieser Nutzen geradezu verneint, wenn beispielsweise von „Daten- und Tabellenfriedhöfen" gewarnt wird, die nach Ansicht der Befragten keinen größeren Mehrwert für die fragenden Fraktionen darbieten. Es wird bezweifelt, dass die Menge der Daten, die teilweise abgefragt wird, sinnvoll ausgewertet werden kann, gleichzeitig aber hohe Arbeitsbelastung mit entsprechender Bindung von Personal auslöst. In Hinblick auf die eigenen Verarbeitungsressourcen der Fraktionen erscheint es mitunter in der Tat fraglich, wie die KA ausgewertet werden sollen. Mit KA, die prägnantere Fragestellungen enthalten und sich auf wesentliche Punkte fokussieren, könnten auch die Ressourcen in den Fraktionen geschont und Antworten gewinnbringender ausgewertet werden. Von solchen KA, bei denen dies nicht möglich ist, dürfte auch der Eindruck von etwa der Hälfte der Befragten stammen, dass KA sehr oft nicht der eigentlichen parlamentarischen Kontrolle dienen. Etwas mehr als zwei Drittel sind immerhin überzeugt, dass die KA eher dazu dienen die Verwaltung zu beschäftigen. So ist die KA für die Mehrheit der Befragten weder ein gutes noch ein schlechtes Instrument, um parlamentarische Kontrolle sicherzustellen. Es kommt wohl darauf an, wie gefragt wird. Die Skepsis gegenüber den Motiven der Abgeordneten überwiegt jedoch in der Verwaltung. Dies hängt damit zusammen, dass die Beschäftigten in der Ministerialverwaltung davon ausgehen, die KA diene der Kontrolle. Wird eine KA aber von den Abgeordneten mit anderen Motiven gestellt (s. Kapitel 3.2), empfinden die Beschäftigten dies als missbräuchlich. Die Praktiker in der Ministerialverwaltung teilen die Motive der Abgeordneten damit zwischen „rein sachlichen auf der einen und politischen Motive[n] auf der anderen Seite" (Siefken 2010, S. 20) auf. Aus Sicht der Verwaltung ist dies berechtigt, ist doch der hohe Stellenwert der KA aufgrund der Kontrollfunktion legitimiert. Hieraus ergibt sich auch die Bereitschaft zur Bereitstellung von durchaus nicht wenigen Ressourcen. Ob die Benutzung der KA für andere Zwecke eine Zweckentfremdung darstellt und legitim ist, kann an dieser Stelle nicht debattiert werden. An diesem Vorkommnis wird in der Praxis auch nichts zu ändern sein, da die Motive letzendes nicht von außen erkannt werden können. Die Skepsis mag auch damit zu tun haben,

dass KA darüber hinaus in bestimmten extremen Fällen auch geeignet sind einzelne Verwaltungseinheiten lahmzulegen. Dies muss nicht unbedingt von den
Fragestellern so intendiert sein und ist ohnehin nur schwer zu überprüfen, kaum
ein Abgeordneter wird dies offen zugeben wollen. Am ehesten ist dies potenziell jedoch bei Extremfällen möglich, sodass die Einhegung dieser zusätzlich an
Legitimität gewinnt.

Es ist wichtig an dieser Stelle festzuhalten, dass die negative Haltung gegenüber dem Anfrageverhalten der Abgeordneten mit großer Wahrscheinlichkeit
nicht auf eine Ablehnung der parlamentarischen Kontrolle im Allgemeinen
zurückzuführen ist. Für eine große Mehrheit ist das Fragerecht der Inbegriff parlamentarischer Kontrolle. Ungefähr 80% schätzen diese als wichtige oder sehr
wichtige Funktion des Parlamentes ein. Gleichzeitig stimmt ungefähr die Hälfte
der Befragten überein, dass das Fragerecht uneingeschränkt in allen Bereichen
der Verwaltung gilt. Diesen Angaben zufolge existiert also durchaus ein Bewusstsein in der Verwaltung um die Rolle von Parlament und Verwaltung als Teil der
Exekutive im gewaltenteiligen System der liberalen Demokratie. Ein gespaltenes Meinungsbild zeigt sich jedoch im Verständnis der Rolle der Verwaltung
bei der Beantwortung von Anfragen. In der Praxis kann, allein schon aufgrund
der Anfragezahlen, die Beantwortung dieser, neben der Gesetzgebungsvorbereitung, als Kerngeschäft der Verwaltungsarbeit gelten (Siefken 2010, S. 30). Dieses
Bewusstsein scheint sich aber nicht bei der Mehrheit der Befragten durchgesetzt
zu haben. In der ablehnenden Haltung könnte daher auch die Ursache mancher
Kritik an den KA liegen. Empfindet ein Beschäftigter der Verwaltung die Beantwortung nicht als ein Kerngeschäft wird er zweifellos negativer auf die Erhöhung
der Anfragezahlen und ihrer Auswirkungen auf andere Fachaufgaben reagieren.
Doch zeigen die detaillierten Angaben in den offenen Kommentaren, dass die
Befragten das Fragerecht und auch die KA akzeptieren und es ihnen mehrheitlich um Kritik an konkreten Auswirkungen des aktuelles Frageverhaltens und
einem „ausufernden" Fragerecht geht, nicht jedoch um das generelle Instrument
der KA. So kann den Beschäftigten in der Verwaltung wohl auch nicht vorgeworfen werden, dass sie sich für eine Verschärfung des Fragrechts einsetzen, um
die parlamentarische Kontrolle ihrer Arbeit zu behindern.

7.4 Reformbedürftigkeit und Reformvorschläge

Es konnte gezeigt werden, dass das Anfrageverhalten der Abgeordneten zu einer
großen Belastung führt. Der Reformvorschlag, der am wenigsten in das Fragerecht der Abgeordneten eingreifen würde, wäre daher eine erhöhte „Selbstkontrolle" (Wolf 2017, S. 33) oder Selbstdisziplin der Abgeordneten. Sie sollten sich

selbstkritisch mit ihrem Anfrageverhalten auseinandersetzen. Weiter wird das Unwissen der Abgeordneten über den Arbeitsaufwand, den KA auslösen, kritisiert. Auch dadurch, dass diesen nicht klar ist, dass Informationen auch in der Ministerialverwaltung oft erst mühselig erarbeitet und angefordert werden müssen. Dahinter dürfte der Wunsch der Ministerialverwaltung stecken, dass sich bei den Abgeordneten ein größeres Bewusstsein für die Arbeitsbelastung durch KA entwickeln sollte. Dies liegt auch im Eigeninteresse der Abgeordneten, liefert doch eine gut recherchierte Antwort ohne allzu großen Zeitdruck sicherlich eine verlässlichere Antwort, wie die Angaben der Befragten zeigen. Ein inflationärer Gebrauch von KA hingegen entwertet das Kontrollinstrument und mindert sowohl die Qualität der Antwort als auch die Qualität der Verwaltungsarbeit, die durch die Ressourcenbindung leidet. Allerdings wird in Antworten auf KA, die Fristverletzungen thematisieren, von der Bundesregierung durchaus auf die Auswirkungen der gestiegen Anfragezahlen hingewiesen. Insbesondere auch darauf, dass durch die gestiegenen Anfragezahlen die Bearbeitung länger dauert. Die Selbstdisziplinierung, auch in Hinblick auf eine neue Konkurrenzsituation mit der AfD-Fraktion als zusätzliche Oppositionsfraktion, scheint daher eher nicht zu funktionieren. Möglicherweise empfinden die Abgeordneten die Klagen als unbegründet. Hier könnte die Erfassung der Arbeitsbelastung, beispielsweise in Form der Arbeitsstunden oder eingesetzten Personalkapazitäten, als Feedback an die Abgeordneten helfen, diese Selbstkontrolle zu verbessern (Siefken 2010, S. 35). Gleichzeitig könnten die Abgeordneten so auch für die Bedürfnisse der Ministerialverwaltung sensibilisiert werden. Laut Siefken ist der Wunsch nach dieser Art der Transparenz aber sowohl im Parlament als auch in der Regierung wohl nicht stark ausgeprägt (ebd.).

Zur Selbstkontrolle gehört auch, dass KA, die mit Fragen überladen sind und damit schon eine Große Anfrage konstituieren könnten, auch als solche zu stellen. Dies ist ein weiterer Punkt, der in der Verwaltung Unmut auslöst. Das Problem bleibt dabei, dass es keine klaren Grenzen gibt, wann eine KA als Große Anfrage gestellt werden sollte. Hier könnte eine klare Definition helfen, wie von einem Befragungsteilnehmer bzw. einer -teilnehmerin gewünscht. Sie könnte sich beispielsweise auf eine Obergrenze von Teilfragen stützen, ab der die Anfrage als Große Anfrage gestellt werden müsste.

Die Zahl der Anfragen könnte auch durch die frühzeitige und proaktive Einbindung der Oppositionsfraktionen in Vorhaben der Regierung vermindert werden und so die Notwendigkeit von formalen Instrumenten verkleinern (Hünermund 2018, S. 476) Allerdings besitzt die Opposition ein Interesse daran, öffentlichkeitswirke Kontrolle auszuüben sodass diese Möglichkeit nur bei relativ unpolitischen, konsensualen Thematiken möglich erscheint.

Einschränkend ist zu erwähnen, dass das Fragerecht des Parlamentes in der Güterabwägung einen hohen Stellenwert einnimmt. So ist es geltende Rechtspraxis, dass die Nichtbeantwortung von Anfragen von der Regierung immer im Einzelnen geprüft und umfassend begründet werden muss (BVerfGE 124, S. 161/189). Lennartz und Kiefer schreiben daher, dass die Regierung „einem Anstieg der Anfragen nur im Einzelfall und nur sehr behutsam begegnen [kann]." (2006, S. 192). Daher ist die Selbstkontrolle der Abgeordneten der am wenigsten invasive Weg, um die Verwaltung zu entlasten. Allerdings erscheint es darüber hinaus grundsätzlich legitim, bei Feststellung einer Gefährdung der Funktionsfähigkeit, wie sie Extremfälle darstellen, auch Abhilfe durch eine Geschäftsordnungsänderung zu schaffen. Eine Änderung der Regelungen der GO wäre erst dann nicht zulässig, wenn sie über eine Ausgestaltung durch Regelungen hinausginge und den Abgeordneten das Informationsrecht entziehen würde (BVerfGE 80, S. 188, 219). Eine weitere Diskussion um Reformvorschläge muss sich damit zwangsläufig auf die oben charakterisierten Extremfälle konzentrieren, da es in dieser Arbeit nicht genug Hinweise gab, um die KA per se als Quelle der Beeinträchtigung von Funktionsfähigkeit anzusehen, die Extremfälle jedoch erhebliche Auswirkungen besitzen können. Damit bleibt, auch bei einer pauschalen Ablehnung der nicht nur geringfügigen Beeinträchtigung der Funktionsfähigkeit, die Organtreue als Grundlage für die Berechtigung von Reformvorschlägen, da Extremfälle diesem Prinzip entgegenstehen, wenn sie die Ministerialverwaltung in ungebührlichem Maße beeinträchtigt.

In den obigen Ausführungen wurde der Reformbedarf durch die potenzielle missbräuchliche und unverhältnismässige Belastung durch Extremfälle begründet. Siefken (2010, S. 35) und Hünermund (2018, S. 476) hingegen führen aus, dass dies alleine nicht als maßgebendes Argument für eine Verschärfung gelten kann. Allerdings haben die Ergebnisse der Befragung dieser Arbeit gezeigt, dass die negativen Auswirkungen der steigenden Zahlen und der auftretenden Extremfälle nicht von der Hand zu weisen sind. Konkrete Vorschläge werden deshalb im Folgenden dargelegt und kurz diskutiert.

Durch die Dimension des TLX ist erkennbar, dass vor allem der Zeitdruck, der bei der Bearbeitung entsteht, der Auslöser für die Belastung ist. Dies deckt sich mit der in der Forschung diskutierten These, die wahrgenommene Arbeitsbelastung vor allem auf Zeitdruck zurückführt (Meshkati und Hancock 1995, zit. in Cain 2007, S. 4–8). Der Zeitdruck dürfte auch an der Zunahme der Anfragezahlen liegen und der, trotz eingerichtetem Automatismus bei der Fristüberschreitung, starren 2-Wochen-Frist. So ist es auch keine Überraschung, dass sich eine große Mehrheit für eine Verlängerung der Bearbeitungsfrist ausspricht. Dies dürfte auch damit zusammenhängen, dass die reell verfügbare Bearbeitungszeit in den Fachreferaten nur wenige Tage beträgt. Anspruchsvolle KA mit viel Arbeitsaufwand dürften so kaum zur vollsten Zufriedenheit beantwortbar sein. Dies zeigt sich an moderaten Zufriedenheitswerten der Befragten mit ihrer eigenen Arbeit. Mit einem Durchschnitt von 4,9 auf einer 10er-Skala sind sie nicht besonders zufrieden, auf der anderen Seite aber auch nicht sehr unzufrieden. Hier könnte eine Verlängerung der Bearbeitungsfrist eine höhere Qualität der Antworten sicherstellen und validere Ergebnisse vorweisen.

Neben der Selbstverpflichtung der Abgeordneten scheint daher eine Erhöhung der Bearbeitungsfrist ein wirksames und gleichzeitig nur wenig in das Fragrecht der Abgeordneten eingreifendes Mittel zu sein. Auch wenn sich in der Praxis ein einfacher Automatismus bei der Fristverlängerung eingebürgert hat (s. Kap. 3.1), so ist doch die Normalisierung der Ausnahme auf Dauer kein tragbarer Zustand.[22] Hier sollte eine ehrliche Diskussion geführt werden. Auch die Befragten sind zu etwas mehr als 80% der Meinung, dass Reformen notwendig sind, was ebenfalls zeigt, dass der Anstieg in den Anfragezahlen aus Sicht der Beschäftigten einen akuten Reformbedarf ausgelöst hat. Die Erhöhung der Bearbeitungszeit erscheint als sinnvolles Mittel, um die Verzögerung anderer Fachaufgaben zu vermindern, denn die starke Zustimmung von über 90% der Befragten, zur Frage, ob andere Aufgaben zurückgestellt werden müssen, kann nicht nur allein auf Extremfälle zurückzuführen sein. Es scheint, dass bereits solche KA, die nicht als Extremfälle wahrgenommen werden, Verzögerung von anderen Fachaufgaben auslösen. Aus den Angaben der Befragten ist deutlich geworden, dass die reelle Bearbeitungszeit, aufgrund interner Übermittlungswege, Informationsanforderung und Koordinierungserfordernisse, sehr viel geringer ausfällt, als es die Frist suggerieren könnte. Vor allem die Übermittlungswege, aber auch die Anforderung von Informationen aus anderen, untergeordneten Einheiten und die finale Abstimmung dauert. So vergehen Tage ohne jegliche Bearbeitung. Hierbei mag auch teilweise eine ungünstige Koordination von Seiten der Parlamentsreferate vorangehen. Gleichzeitig werden arbeitsfreie Tage ebenfalls in die Frist mitberechnet (s. weiter unten). Die Verlängerung der Bearbeitungszeit könnte auch hier helfen, diese Effekte zu entschärfen. Die genaue Wochenanzahl der Verlängerung kann sicherlich diskutiert werden. Es erscheint sinnvoll, die Bearbeitungszeit der KA auf mindestens vier Wochen anzuheben, wie die meisten Befragten fordern. Siefken empfiehlt

---

22 Insbesondere, wenn man Folgendes bedenkt: In der Ministerialverwaltung wird oftmals schon bei der internen Weiterleitung ein Formular zur Fristverlängerung mitgeschickt (Siefken 2010, S. 35).

die Bearbeitungszeit von KA und Großen Anfragen gleichermaßen auf sechs Wochen anzuheben (Siefken 2010, S. 36). Drängende Themen oder aktuelle Problemstellungen können in Schriftlichen oder Mündliche Fragen behandelt werden (ebd.). Gleichwohl könnte die Verlängerung der Bearbeitungszeit einen nicht intendierten Effekt auf die Arbeitsbelastung haben. In den Kommentaren wurde die Sorge vorgetragen, dass mit verlängerter Bearbeitungszeit auch der Anspruch der Abgeordneten steigen würde. In der Tat könnte die Verlängerung dann eine größere Fragenflut auslösen, wenn die Abgeordneten der Meinung sind, entsprechend der längeren Bearbeitungszeit mehr Unterfragen einbauen zu können in der Erwartung, dass mehr Zeit auch mehr Fragen rechtfertige.

Die Anrechnung von Feier- und Wochenendtagen bei der Bearbeitungsfrist von zwei Wochen wird ebenfalls kritisiert. Von der ohnehin knappen Zeit bleibt so noch weniger übrig. Wenn die Verlängerung der Bearbeitungszeit keine Option für eine Geschäftsordnungsänderung darstellt, so sollte wenigstens geprüft werden, ob nicht die Bearbeitungszeit nur auf reine Arbeitstage angerechnet werden könnte.

Eine begrenzte Anzahl von Fragen innerhalb von KA könnte ebenfalls helfen, die Extremfälle mit etlichen Einzel- und Unterfragen einzuhegen. Die Begrenzung könnte dazu beitragen, die Fragen der Abgeordneten zu fokussieren und auf das Wesentliche zu beschränken. In vielen Landtagen ist die Anzahl der Fragen bereits begrenzt. So beispielsweise in Baden-Württemberg mit einer Grenze von zehn Fragen (s. § 61 II 1 LTGO BW) sowie fünf in Sachsen (s. § 60 II 2 LTGO SN) und Nordrhein-Westfalen (s. § 92 II 1 LTGO NW). Auch Hölscheidt befürwortet eine Begrenzung der Fragen (1992, S. 48). Dies kann allerdings, wie bereits beschrieben, einfach umgangen werden, indem die Fragen auf mehrerer KA aufgeteilt werden, sodass der Effekt unterlaufen werden könnte. Allerdings könnte allein schon die Schwelle der Vorbereitung einer neuen KA disziplinierend wirken. Im Ranking der Befragten ist jedenfalls die Beschränkung der (Unter-)Fragen der erfolgversprechendste Reformvorschlag, der die Belastung verringern könnte, gefolgt von einer Verlängerung der Bearbeitungszeit.

An dritter Stelle der Einschätzung der Befragten steht die Begrenzung der KA im Monat. Davon würde im Übrigen auch die Bundestagsverwaltung selbst profitieren, die die eingehenden KA ebenfalls bearbeiten muss. Durch die steigende Zahl der KA kommt es nämlich ebenfalls zu Verzögerungen innerhalb der Bundestagsverwaltung (Schult und Medick 2019). Dieser Vorschlag greift allerdings sehr stark in das Fragerecht ein. Zudem gestaltet sich eine Begrenzung schwierig, aufgrund von „unterschiedlicher inhaltlicher Tiefe" der Anfragen (Lennartz und Kiefer 2006, S. 192). So könnte es den Effekt geben, dass KA mit Fragen überladen werden, um die Höchstzahl auszunutzen, wenn dies nicht mit einer

Fragenobergrenze gekoppelt wird. Daher erscheint es weiterhin geboten, sich bei der Diskussion auf die extremen Fälle zu konzentrieren, da diese am oberen Ende der „inhaltlichen Tiefe" anzusetzen und so klarer, auch in Bezug auf die Anzahl ihrer Teilfragen, zu identifizieren sind. Eine inhaltliche Begrenzung jedoch beispielsweise in Form von Beschneidungen des Abfragezeitraums auf die jüngeren Wahlperioden, könnte die Kontrollwirkung durch die „Beliebigkeit" der KA schmälern und greift daher wohl unzulässig in das Fragerecht ein, da die Abgeordneten selbst entscheiden, welche Informationen sie zur Kontrolle der Bundesregierung bedürfen (BVerfGE 124, S. 161, Rn. 146).

Die Zahl von KA könnte auch durch eine Verkleinerung der Mitgliederanzahl des Deutschen Bundestages erfolgen, schlicht, da weniger Abgeordnete weniger Anfragen stellen können. Entsprechende Reformen sind vom BVerfG bereits angemahnt (BVerfGE 131, S. 316–376). Allerdings würde sich an der Möglichkeit, dass Extremfällen erhebliche Belastung und Performanzverlust auszulösen, nichts ändern. Auf absehbare Zeit werden im Bundestag außerdem sechs Fraktionen repräsentiert sein, sodass sich die Ministerialverwaltung wohl an ein hohes Anfragenniveau gewöhnen muss. Diese beiden Gründe sprechen daher ebenfalls für Änderungen in der GOBT, um die Verwaltung durch die Einhegung von Extremfällen zu entlasten.

Neben den Extremfällen wird auch das Verfahren der Bearbeitung kritisiert und als eine Ursache der Arbeitsbelastung genannt. Insbesondere die Koordination durch die Parlaments- und Kabinettsreferate sei oftmals suboptimal. So würde die Bitte zur Beantwortung oft auch vor Wochenenden oder Feiertagen eintreffen und damit den Zeitdruck noch weiter erhöhen. Mit der Koordinierung hängen auch die aufwändigen Übermittlungswege zusammen. Hier bietet die Digitalisierung, wie in einem Kommentar angemerkt, sicherlich großes Verbesserungspotential – ohne Geschäftsordnungsreformen anzustoßen. Ein digitaler Abfrageprozess, eventuell in Verbindung mit einem *file sharing* System, also einem Dokument, an dem mehrere Personen gleichzeitig arbeiten können, könnte die Übermittlungswege sowohl in und außerhalb der Ministerien verkürzen und mehr Zeit zur wirklichen Bearbeitung freimachen.

Weitere Rückmeldungen beschäftigten sich mit den Fragestellungen von KA. Rund dreiviertel der Befragten gibt an, dass sie ähnlich lautende KA oft oder sehr oft in kurzer Zeit beantworten müssen. Ähnliche Klagen gibt es in den offenen Kommentaren, wonach das Verfahren ineffizient sei, da Informationen bereits öffentlich vorhanden sind oder bereits beantwortet wurden. Hier kann zwar auf Worthülsen, die bereits verwendet wurden, zurückgegriffen (Siefken 2010, S. 28) und auf bestehende Informationen verwiesen werden, allerding erfordert dies ebenfalls Arbeit ohne großen Nutzen zu erzielen. Zwar stellt das

Abfragen bereits öffentlicher Informationen kein Missbrauch dar (s. Kapitel 2.3), allerdings sollte dies ein Zeichen an Fraktionen sein, ihr Anfrageverhalten zu reflektieren.

Weiter wird von mangelnden Fachkenntnissen der Fragesteller berichtet, die unklare Fragestellungen formulieren, welche von der Ministerialverwaltung interpretiert werden müssen. Dies steht zunächst im Widerspruch zu Hünermunds Aussage, wonach KA vornehmlich von Fachpolitikern gestellt werden würden (2018, S. 461). Um diesen Umstand zu vermeiden, wäre eine Rückkopplung an die Fragesteller während der Bearbeitung durchaus sinnvoll. So könnten Unklarheiten ausgeräumt und Nachfragen von KA verhindert werden. Außerdem könnte die Anforderung der Bestimmtheit an KA (s. Kapitel 3.1) verbessert und spezifiziert werden. Die Nachfragezeit dürfe nicht auf die Bearbeitungszeit angerechnet werden. Allerdings müsste dies wahrscheinlich auch wieder über den Dienstweg vonstattengehen, was das Verfahren wiederum unpraktikabel machen würde. An dieser Stelle könnte eine vom derzeitigen parlamentarischen Geschäftsführer der FDP, Marco Buschmann, in einem Fernseherinterview in der Sendung Kontraste eingebrachten Idee fruchtbar gemacht werden (Heil 2019). Er schlägt vor, eine Schiedskommission aus Vertretern der Opposition, der Regierung und einer dritten neutralen Person[23] zu bilden, in der entschieden wird, ob eine KA ausreichend beantwortet wurde. Damit würde der lange Rechtsweg bei Unzufriedenheit der Fragesteller entfallen und zeitnah Entscheidungen herbeigeführt werden. Neben diesem ursprünglichen Mehrwert seiner Idee könnte solch eine Schiedskommission auch die Funktion einer Feedback-Stelle erfüllen, die die Rückkopplung mit den Fragestellern erlaubt und den beantwortenden Personen die Möglichkeit einräumt Nachfragen zu stellen. Fraglich ist freilich, ob bei den beteiligten Akteuren die Bereitschaft hierfür bestünde.

7.5 Einschränkungen

Nach der Diskussion der Ursachen und möglichen Reformen soll an dieser Stelle einige Einschränkungen dieser Arbeit angebracht werden. Bei den Angaben in der Befragung ist eine Verzerrung der Belastungsangaben möglich. Die Beschäftigten, die das Frageverhalten der KA für ein Problem halten, hatten einen höheren Anreiz an der Umfrage teilzunehmen. Beschäftigte, die die Problemlage nicht erkennen, blieben der Umfrage vermutlich eher fern. So könnte

---

23 Laut Buschmann komme hier beispielsweise eine ehemalige Verfassungsrichterin oder ein ehemaliger Verfassungsrichter in Frage.

es zu erhöhten Belastungsangaben gekommen sein, insbesondere in der Kontrollgruppe mit einem deutlich geringeren Stichprobenumfang, was die erhöhten Belastungswerte erklären könnte. Allerdings beschreiben die Kommentare konkrete Ursachen der Arbeitsbelastung und Kritikpunkte an den KA, sodass trotz einer möglichen Verzerrung der reinen Belastungswerte es dennoch möglich ist, die Forschungsfrage sinnvoll zu beantworten.

Dem Fragebogen lag außerdem die Annahme zugrunde, dass lediglich Beschäftigte des gehobenen und höheren Dienstes an der Bearbeitung von KA beteiligt sind. Diese Annahme konnte nicht im Ganzen bestätigt werden. Zwar besteht die übergroße Mehrheit der Beschäftigten, die sich mit KA auseinandersetzen, aus dem höheren und gehobenen Dienst besteht, jedoch ist auch der mittlere Dienst daran beteiligt. Allerdings erscheint der geringe Anteil des mittleren Dienstes das Auslassen der Beschäftigtenzahlen für die Berechnung des BQ zu rechtfertigen.

8 Fazit

In diesem Buch wurde versucht, ein möglichst vollständiges Bild des Gebrauchs der KA und deren Wirkung auf die Ministerialverwaltung zu zeichnen. Ausgehend von immer wieder aufkommenden Klagen aus der Verwaltungspraxis über unverhältnismäßige Arbeitsbelastung wurde gefragt, welche Auswirkungen der aktuelle Gebrauch der KA auf Arbeitsbelastung, Funktionsfähigkeit und Einstellungen in der Ministerialverwaltung besitzt. Um den Gebrauch zu charakterisieren, wurde zunächst im ersten Teil dieser Arbeit die öffentliche Parlamentsstatistik analysiert. Seit der 10. WP kann ein kontinuierlicher Anstieg von KA beobachtet werden, der in den jüngeren WP in immer neuen Rekordwerten mündete. Die Auswirkungen auf die Ministerialverwaltung zeigen sich bei der Berechnung einer Belastungsquote, die sich aus dem Verhältnis von KA und Mitarbeitern eines Ressorts ergibt. Ein besonders ungünstiges Verhältnis von KA und Mitarbeitern besitzen das BMI, das BMVI und das BMFSFJ.

Im zweiten Teil der Arbeit wurde die Wirkung der KA untersucht. Hierfür wurden im theoretischen Teil mithilfe arbeitspsychologischer Theorien Vermutungen angestellt, warum die hohe Zahl an KA eine große Arbeitsbelastung auslöst und welche Auswirkungen damit verbunden sind. Nach der dort entwickelten Kausalkette führt die gestiegene Zahl zu mehr KA, die zeitgleich mit anderen Fachaufgaben beantwortet werden müssen. Diese teilen sich aber die gleichen Ressourcen, welche aufgeteilt werden müssen. Die KA wird priorisiert, da eine Nichtbeantwortung oder eine Beantwortung, mit der die Abgeordneten unzufrieden sind, mit Sanktionen bewehrt sein kann. Dadurch leidet die Performanz und damit die Funktionsfähigkeit der Verwaltung, da Fachaufgaben zugunsten der Beantwortung von KA zurückgestellt werden müssen. Aus der rechtswissenschaftlichen Perspektive wurde die umfassende Antwortpflicht der Bundesregierung gegen die Beeinträchtigung der Funktionsfähigkeit abgewogen. Es wurde dargelegt, dass eine Beeinträchtigung in nicht nur geringfügigem Maße, die die Fachaufgaben derart verzögert, dass die Verwaltung nicht mehr ihrem verfassungsmäßigen Auftrag nachkommen kann, eine Grenze des Fragerechts darstellt. Eine solche Beeinträchtigung, die außerdem zu negativen Auswirkungen auf Bürger/-innen führt, rechtfertigt es, Reformen der GOBT zu diskutieren.

Nach den theoretischen Überlegungen wurde die Befragung dieser Arbeit beschrieben. Die Referatsleiter/-innen der oben genannten drei Bundesministerien wurden nach den Auswirkungen auf die subjektive Arbeitsbelastung, ihren

Ursachen und dem damit zusammenhängenden Praxisverständnis der Beschäftigten befragt. Die Angaben der Befragten zeigen, dass die starke Erhöhung
der Zahlen von KA große Auswirkungen in der Ministerialverwaltung hinter-
lassen hat. Die theoretischen Mutmaßungen dieser Arbeit über die Auswirkungen konnten damit bestätigt werden. Der aktuelle Gebrauch der KA löst in der
Verwaltung eine hohe Arbeitsbelastung aus. Hauptursache ist der Zeitdruck,
der bei der Bearbeitung von KA entsteht. Diese lässt sich zum einen auf die
erhöhte Beantwortungsfrequenz und zum anderen auf die Vertiefung des Inhalts
zurückführen. Dadurch kommt es zu einem hohen Arbeitspensum, das in der
kurzen Bearbeitungszeit von nur wenigen Tagen einen hohen Zeitdruck und
eine hohe Belastung auslöst. Die Bearbeitungsfrist von zwei Wochen ist damit
kaum zu halten, da den einzelnen beantwortenden Fachreferaten durch umfassende Übermittlungs- und Abstimmungswege nur wenige Tage zur eigentlichen
Bearbeitung bleibt. So leidet nicht nur die Performanz anderer Fachaufgaben,
die in der Zeit nicht bearbeitet werden können, sondern auch die Qualität der
Antwort, da durch den Zeitdruck weniger belastbare Ergebnisse erarbeitet werden.

Die Kausalkette aus dem theoretischen Teil kann ebenfalls zum Großteil
bestätigt werden. Die KA führen in der Tat zu einer Beeinträchtigung der Funktionsfähigkeit durch die Zurückstellung von anderen Fachaufgaben. Wieder
hängt das Ausmaß der Beeinträchtigung vom Arbeitspensum der KA ab. Eine
pauschale Aussage zur Intensität der Auswirkungen kann aber in dieser Arbeit
nicht getroffen werden. Daher kann auch nicht abschließend bewertet werden,
ob diese Beeinträchtigung nicht nur geringfügig ist, wie im theoretischen Teil
beschrieben. Pauschal davon zu sprechen, dass die KA die Verwaltung unverhältnismäßig oder in nicht mehr nur geringfügiger Weise zu belasten, ist nicht
angebracht. Die KA bleibt ein sinnvolles Mittel der parlamentarischen Kontrolle,
das eine hohe Kontrollwirkung entfaltet.

Fest steht aber, dass KA das Potential haben, die Verwaltung erheblich zu
belasten und ihre Funktionsfähigkeit einzuschränken. Daher wurde der Begriff
der Extremfälle eingeführt, die in der Diskussion der Ergebnisse in den Mittel-
punkt gestellt wurden, da angenommen wird, dass diese in besonderer Weise die
Funktionsfähigkeit beschneiden und erheblichen Einfluss auf die Performanz
der Ministerialverwaltung haben. Hier kommt es vor allem auf die Anzahl der
Unterfragen, die Tiefe (z.B. Abfragezeitraum), die Rechercheintensität und die
Anzahl der beteiligten Stellen (z.B. Referate, nachgeordnete Behörden, anderen
Ministerien) an. Diese Extremfälle haben in der Einschätzung der Befragten eine
missbräuchliche Wirkung, auch wenn dies nicht von den Fragestellern bezweckt
werden muss. Die Skepsis der Befragten gegenüber dem Frageverhalten von KA

kann mit diesen Extremfällen erklärt werden, die in ihrer Einschätzung nicht einem Kontrollzweck dienen, sondern von den Fragestellenden für kontrollfremde, wie politische oder publizistische, Vorhaben benutzt werden.

Diskutiert man Reformen, muss die Verminderung des Zeitdrucks und die Einhegung der Extremfälle das übergeordnete Ziel sein. Dies wird in vielen Fällen auch Hand in Hand gehen. Auch wenn eine Verschärfung von einigen Autoren allein aufgrund der potenziellen Beeinträchtigung abgelehnt wird, ist es, mit Blick auf die Auswirkungen, die KA entfalten können, in Verbindung mit der steigenden Anfragezahl und der zunehmenden inhaltlichen Komplexität, geboten, zumindest Extremfälle durch Reformen vorzubeugen. Zielführen ist es, wenn Reformen den Beschäftigten in der Ministerialverwaltung mehr Flexibilität und Bearbeitungszeit zuzugestehen.

Zusammengefasst kann festgehalten werden, dass die Klagen, die aus der Verwaltung zu hören sind, als zutreffend bezeichnet werden können und keinesfalls als „Gejammer" abgetan werden sollten. Dieses Bewusstsein sollte sich bei den Abgeordneten verbreiten und zu größerer Selbstdisziplin führen. So liegt es in ihrem eigenen Interesse, belastbare und qualitativ gute Antworten auf KA zu erhalten. Gleichzeitig sollte auch in der Ministerialverwaltung das Bewusstsein wachsen, dass die Beantwortung von KA mittlerweile, vor allem auch mit einem großen Bundestag mit sechs Fraktionen, ein Kerngeschäft der Ministerialverwaltung ist und entsprechend auch Arbeitszeit und -ressourcen zur Verfügung gestellt werden müssen, ohne dass dies gleich missbräuchliches Verhalten der Abgeordneten darstellt. So kann sicherlich Siefken zum Großteil zugestimmt werden, wenn er schreibt:

> *„Die Nutzung dieses wichtigen Informationsinstrumentes insbesondere seitens der Opposition als reines politisches Showgeschäft zu kritisieren, ist also ebenso wenig angezeigt, wie den politischen Akteuren im Parlament geraten sein kann, es zu expansiv einzusetzen"* *(2010, S. 35).*

Der Mehrwert dieser Arbeit liegt in der Einordnung und Überprüfung der diffusen Klagen aus der Praxis in einen wissenschaftlichen Rahmen. Aus praktischer Sicht liegt der Nutzen in der von den Angaben der Befragten abgeleiteten Reformvorschlägen. Die Diskussion der Reformvorschläge wurde hier zwar, aufgrund der begrenzten Kapazitäten dieser Arbeit, meist nur oberflächlich betrieben. Nun sollte es Ziel weiterführender Forschung und vor allem der Verwaltungspraxis und des parlamentarischen Betriebes sein, diese vertiefend zu erörtern. Dieses Buch stellt die passende Grundlage für erste Schritte in Richtung einer offeneren Debatte dar. Denn die Gesamtzahl der KA wird sich auch in Zukunft im Bundestag auf einem hohen Niveau bewegen. So sollte außerdem eine weitere Auseinandersetzung in der Rechtwissenschaft über die juristische Zulässigkeit der Reformvorschläge stattfinden, insbesondere über Abgrenzungskriterien von Kleinen und Großen Anfragen. Diese Arbeit kann ebenfalls als Anstoß hierfür gesehen werden.

Zum Schluss möchte sich der Autor der Hoffnung einer/-s Befragten dieser Arbeit anschließen, die diese/-r im Abschlusskommentar der Umfrage treffend formuliert hat:

> *„Ich freue mich, dass sich jemand diesem Thema annimmt und hoffe, dass sich das Ergebnis vielleicht positiv auf die zukünftige Bearbeitung von Kleinen Anfragen auswirkt. Es ist zumindest ein erster Schritt. Danke!".*

9 Literaturverzeichnis

AfD-Fraktion Baden-Württemberg (2017): AfD – die einzig wahre Alternative und einzig wahre Opposition. Pressemitteilung vom 10.02.2017. Stuttgart. Online verfügbar unter http://www.afd-fraktion-bw.de/aktuelles/334/AfD+%E2%80%93+die+einzig+wahre+Alternative+und+einzig+wahre+Opposition, zuletzt geprüft am 03.09.2019.

Berger, Hannes (2014): Dimensionen parlamentarischer Kontrolle. Eine Einführung in Theorie und Empirie. Stuttgart: ibidem-Verlag.

Berlinger, Ulf; Funke, Corinna; Niesing, Anna; Biechele, Anna (2016): Branchenanalyse öffentlicher Dienst der Länder. Eine Untersuchung zur Arbeitssituation aus Sicht der Beschäftigten. Düsseldorf: Hans-Böckler-Stiftung (Study / Hans-Böckler-Stiftung, Nr. 327). Online verfügbar unter http://hdl.handle.net/10419/142173.

Bratfisch, Oswald; Borg, Gunnar; Dornic, Stanislav (1972): Perceived Item-Difficulty in Three Tests of Intellectual Performance Capacity. Reports from the Institute of Applied Psychology No. 29. Hg. v. Institute of Applied Psychology, Universität Stockholm. Universität Stockholm. Online verfügbar unter https://files.eric.ed.gov/fulltext/ED080552.pdf, zuletzt geprüft am 17.04.19.

Brenner, Michael (2009): Reichweite und Grenzen des parlamentarischen Fragerechts. Baden-Baden: Nomos Verlag.

Busch, Eckhardt (1991): Parlamentarische Kontrolle. Ausgestaltung und Wirkung. 4. Aufl. Heidelberg: Decker & Müller.

Cain, Brad (2007): A review of the mental workload literature. Report Contract No.: RTO-TR-HFM-121-Part-II. Defence Research And Development Toronto (Canada).

Cancik, Pascale (2017): „Effektive Opposition " im Parlament–eine ausgefallene Debatte? In: Zeitschrift für Parlamentsfragen 48 (3), S. 516–534.

Casner, Stephen M.; Gore, Brian F.: Measuring and Evaluating Workload. A Primer. NASA Ames Research Center. Online verfügbar unter https://matb-files.larc.nasa.gov/Workload_Primer_TM_Final.pdf, zuletzt geprüft am 29.03.2019.

Deutscher Bundestag (o.J.): Datenhandbuch zur Geschichte des Deutschen Bundestages seit 1990. Online-Datenbank. Online verfügbar unter https://www.bundestag.de/dokumente/parlamentsarchiv/datenhandbuch/, zuletzt geprüft am 20.05.19.

Deutscher Bundestag (1987): Antwort der Bundesregierung auf die Kleine Anfrage der Abgeordneten Frau Beer und der Fraktion DIE GRÜNEN – Drucksache

11/799. BT-Drks. 11/1394. Online verfügbar unter http://dipbt.bundestag.de/dip21/btd/11/013/1101394.pdf, zuletzt geprüft am 26.08.2019.

Deutscher Bundestag (2016): Stenographischer Bericht der 195. Sitzung des Deutschen Bundestages. Plenarprotokoll 18/195. Online verfügbar unter http://dipbt.bundestag.de/dip21/btp/18/18195.pdf, zuletzt geprüft am 15.05.19.

Deutscher Bundestag (2018): Qualität und Selbstverständnis der Bundesregierung bezüglich parlamentarischer Kontrollinstrumente. Antwort der Bundesregierung auf die Kleine Anfrage der Abgeordneten Roman Müller-Böhm, Stephan Thomae, Grigorios Aggelidis, weiterer Abgeordneter und der Fraktion der FDP. Drucksache 19/5619. Online verfügbar unter http://dipbt.bundestag.de/dip21/btd/19/056/1905619.pdf, zuletzt geprüft am 15.05.19.

Deutscher Bundestag (2019a): Statistik der Parlamentarischen Kontrolltätigkeit – 19. Wahlperiode. Referat Parlamentsdokumentation. Online verfügbar unter https://www.bundestag.de/resource/blob/533192/408e5b4c5676aa74 9ea543e41130ec57/kontroll_taetigkeiten_wp19-data.pdf, zuletzt geprüft am 22.03.2020.

Deutscher Bundestag (2019b): Statistik der Parlamentarischen Kontrolltätigkeit –19.Wahlperiode. Stand der Datenbank: 23.08.2019. Online verfügbar unter https://www.bundestag.de/resource/blob/533192/237e8e8f7eed1b1f6 67070f0baf3cdd2/kontroll_taetigkeiten_wp19-data.pdf, zuletzt geprüft am 03.09.2019.

Deutscher Bundestag (2019c): Schriftliche Fragen mit den in der Woche vom 11. Februar 2019 eingegangenen Antworten der Bundesregierung. BT-Drks 19/7797. Online verfügbar unter http://dipbt.bundestag.de/doc/btd/ 19/077/1907797.pdf, zuletzt geprüft am 25.08.19.

Dierolf, Jens (2017): Kleine Anfragen. Verantwortungsbewusst damit umgehen. In: *Heilbronner Stimme*, 31.05.2017. Online verfügbar unter https://www. stimme.de/themen/interaktiv/Kleine-Anfragen-Verantwortungsbewusst-damit-umgehen; art134109,3856332, zuletzt geprüft am 04.03.2019.

Döring, Herbert (2001): Parliamentary agenda control and legislative outcomes in Western Europe. In: *Legislative Studies Quarterly*, S. 145–165.

Einem, Joachim von (1977): Die Auskunftspflicht der Regierung gegenüber dem Parlament. Dissertation. Georg-August-Universität zu Göttingen, Göttingen.

Eschenburg, Theodor (1956): Staat und Gesellschaft in Deutschland. Stuttgart: Curt E. Schwab.

Estes, Steven (2015): The workload curve. Subjective mental workload. In: *Human factors* 57 (7), S. 1174–1187.

Feldkamp, Michael F. (2005): Datenhandbuch zur Geschichte des Deutschen Bundestages 1994 bis 2003. Berlin: Nomos Verlag.

Feldkamp, Michael F. (2011): Datenhandbuch zur Geschichte des Deutschen Bundestages 1990 bis 2010. Berlin: Nomos Verlag.

Feldkamp, Michael F. (2018): Deutscher Bundestag 1998 bis 2017/18. Parlaments- und Wahlstatistik für die 14. bis beginnende 19. Wahlperiode. In: *Zeitschrift für Parlamentsfragen* 49 (2), S. 207–222. DOI: 10.5771/0340-1758-2018-2-207.

FOCUS Online (2019): Unzumutbar: In internen Mails regt sich scharfe Kritik an Bundestagspräsident Schäuble. Online verfügbar unter https://www.focus.de/politik/deutschland/streit-um-kleine-anfragen-unzumutbar-in-interner-mail-regt-sich-scharfe-kritik-an-bundestagspraesident-schaeuble_id_10595474.html, zuletzt aktualisiert am 15.04.2019, zuletzt geprüft am 15.10.2019.

Gabriel, Oscar W.; Holtmann, Everhard (2005): Handbuch politisches System der Bundesrepublik Deutschland. 3., völlig überarb. und erw. Aufl. München: Oldenbourg. Online verfügbar unter http://www.oldenbourg-link.com/isbn/9783486711325.

Geck, Hans-Ulrich (1986): Die Fragestunde im Deutschen Bundestag. Berlin: Duncker & Humblot (Beiträge zum Parlamentsrecht, 10).

Harfst, Philipp; Schnapp, Kai-Uwe (2003): Instrumente parlamentarischer Kontrolle der Exekutive in westlichen Demokratien. Working Paper. Wissenschaftszentrum Berlin für Sozialforschung (WZB). Berlin. Online verfügbar unter https://nbn-resolving.org/urn: nbn: de:0168-ssoar-111542, zuletzt geprüft am 19.06.19.

Hart, Sandra G.; Staveland, Lowell E. (1988): Development of NASA-TLX (Task Load Index). Results of empirical and theoretical research. In: *Advances in Psychology* 52, S. 139–183.

Heil, Georg (2019): Bundesregierung beantwortet Anfragen lückenhaft (Kontraste). rbb, 09.05.2019. Online verfügbar unter https://www.rbb-online.de/kontraste/archiv/kontraste-vom-09-05-2019/bundesregierung-beantwortet-anfragen-lueckenhaft.html, zuletzt geprüft am 14.02.2020.

Hendy, Keith C.; Hamilton, Kevin M.; Landry, Lois N. (1993): Measuring subjective workload. When is one scale better than many? In: *Human factors* 35 (4), S. 579–601.

Hölscheidt, Sven (1992): Frage und Antwort im Parlament. Rheinbreitbach: Neue Darmstädter Verlagsanstalt.

Hünermund, Sebastian (2018): Kleine Anfragen im Deutschen Bundestag. Zu den Funktionen des Frageinstruments am Beispiel der 17. Wahlperiode. In: *Zeitschrift für Parlamentsfragen* 49 (3), S. 455–476.

Ismayr, Wolfgang (2012): Der Deutsche Bundestag. 3. Aufl. Wiesbaden: VS Verlag für Sozialwissenschaften (Schriftenreihe der Bundeszentrale für politische Bildung, 1333).

Jaeger, Mona (2018): Kleine Anfrage ganz groß. FAZ-Online. Online verfügbar unter https://www.faz.net/aktuell/politik/inland/druckmittel-der-opposition-kleine-anfrage-ganz-gross-15697538-p2.html?printPagedArticle=true#pageIndex_1, zuletzt geprüft am 04.03.2019.

Kepplinger, Hans Mathias (2007): Kleine Anfragen. Funktionale Analyse einer parlamentarischen Praxis. In: Werner J. Patzelt, Martin Sebaldt und Uwe Kranenpohl (Hg.): Res publica semper reformanda. Wissenschaft und politische Bildung im Dienste des Gemeinwohls. Festschrift für Heinrich Oberreuter zum 65. Unter Mitarbeit von Henrik Gast, Tobias Nerb und Benjamin Zeitler. Wiesbaden: VS Verlag für Sozialwissenschaften, S. 304–319.

Kepplinger, Hans Mathias (2009): Politikvermittlung. Wiesbaden: Springer.

Konfitin, Ben (2017): Das Urteil des Bundesverfassungsgerichts zum parlamentarischen Fragerecht. Aktueller Begriff Nr. 28/17. Wissenschaftliche Dienste des Deutschen Bundestages. Online verfügbar unter https://www.bundestag.de/resource/blob/532406/45b214718f481590e2ca2c26e7f3f19e/fragerecht-data.pdf, zuletzt geprüft am 12.03.2019.

Kramer, Arthur F.; Sirevaag, Erik J.; Braune, Rolf (1987): A psychophysiological assessment of operator workload during simulated flight missions. In: *Human factors* 29 (2), S. 145–160.

Kurzban, Robert; Duckworth, Angela; Kable, Joseph W.; Myers, Justus (2013): An opportunity cost model of subjective effort and task performance. In: *Behavioral and Brain Sciences* 36 (6), S. 661–679.

Lennartz, Jürgen; Kiefer, Günther (2006): Parlamentarische Anfragen im Spannungsfeld von Regierungskontrolle und Geheimhaltungsinteressen. In: *Die Öffentlich Verwaltung* 59 (5), S. 185–194.

Manzey, Dietrich (1998): Psychophysiologie mentaler Beanspruchung. In: Frank Rösler (Hg.): Ergebnisse und Anwendungen der Psychopsychologie. Göttingen: Hogrefe (Enzyklopädie der Psychologie, Themenbereich C, Serie I, Band 5), S. 799–864.

Moray, Neville (1979): Mental workload. It's theory and measurement. New York: Plenum Press (NATO Conference Series. Ser. 3, 8).

Moray, Neville (1982): Subjective mental workload. In: *Human factors* 24 (1), S. 25–40.

Morscher, Siegbert (1973): Die parlamentarische Interpellation. Berlin: Duncker & Humblot (Schriften zum Öffentlichen Recht, 208).

Nachar, Nadim (2008): The Mann-Whitney U: A test for assessing whether two independent samples come from the same distribution. In: *Tutorials in quantitative Methods for Psychology* 4 (1), S. 13–20.

Naumann, Annelie (2020): Regierung ächzt unter Anfragen. In: *Welt Online*, 08.01.2020. Online verfügbar unter https://www.welt.de/print/die_welt/vermischtes/article204846256/Regierung-aechzt-unter-Anfragen.html, zuletzt geprüft am 14.02.2020.

Neumann, Philipp (2017): Opposition: Bundesregierung beantwortet Anfragen nicht. In: *Berliner Morgenpost*, 15.08.2017. Online verfügbar unter https://www.morgenpost.de/politik/article211585365/Verspaetete-Antworten-Dobrindt-Ministerium-troedelt-besonders.html, zuletzt geprüft am 27.08.2019.

Neurath, Paul (1974): Grundlegende Methoden und Techniken der empirischen Sozialforschung. In: René König (Hg.): Handbuch der empirischen Sozialforschung. 3. Aufl. Stuttgart: Ferdinand Enke.

Rozenberg, Olivier; Martin, Shane (2011): Questioning parliamentary questions. In: *The Journal of Legislative Studies* 17 (3), S. 394–404.

Ruhose, Fedor (2018): Die AfD im Deutschen Bundestag. Zum Umgang mit einem neuen politischen Akteur. Wiesbaden: Springer-Verlag.

Sauer, Karl (1968): Das Interpellationsrecht in der Bundesrepublik Deutschland und im Freistaat Bayern. Dissertation. Ludwigs-Maximilians-Universität, München.

Schäfer, Friedrich (1982): Der Bundestag. Eine Darstellung seiner Aufgaben und Arbeitsweisen. 4. Aufl. Opladen: Westdeutscher Verlag.

Schiebe, Adrian (2016): Oppositionelle Regierungskontrolle. Parlamentarische Regierungskontrolle durch Kleine und Große Anfragen. Hamburg: Diplomica Verlag.

Schindler, Peter (1999): Datenhandbuch zur Geschichte des Deutschen Bundestages 1949 bis 1999. Gesamtausgabe in drei Bänden. Berlin: Nomos Verlag.

Schroeder, Wolfgang; Weßels, Bernhard; Neusser, Christian; Berzel, Alexander (2017): Parlamentarische Praxis der AfD in deutschen Landesparlamenten. Hg. v. Wissenschaftszentrum Berlin für Sozialforschung (WZB). Berlin (WZB Discussion Paper, No. SP V 2017–102,). Online verfügbar unter https://www.econstor.eu/bitstream/10419/162844/1/891146105.pdf, zuletzt geprüft am 04.03.2019.

Schult, Christoph; Medick, Veit (2019): Unmut über Schäuble. In: *Der Spiegel* Nr. 16, 13.04.2019, S. 13.

Schwarz, Kyrill-Alexander (2013): Unkontrollierbare Regierung–Die Rechte der Opposition bei der Bildung einer Großen Koalition im Deutschen Bundestag. In: *Zeitschrift für Rechtspolitik*, S. 226–228.

Schwarzmeier, Manfred (2001): Parlamentarische Mitsteuerung. Strukturen und Prozesse informalen Einflusses im Deutschen Bundestag. Wiesbaden: Westdeutscher Verlag.

Siefken, Sven T. (2010): Parlamentarische Frageverfahren–Symbolpolitik oder wirksames Kontrollinstrument? In: *Zeitschrift für Parlamentsfragen* 41 (1), S. 18–36.

Siefken, Sven T. (2013): Konfiguration parlamentarischer Kontrolle. Ein Konzept für die vergleichende Analyse. In: Birgit Eberbach-Born, Sabine Kropp, Andrej Stuchlik und Wolfgang Zeh (Hg.): Parlamentarische Kontrolle und Europäische Union. Baden-Baden: Nomos Verlag (Studien zum Parlamentarismus, 19), S. 49–78.

Siefken, Sven T. (2018a): Parlamentarische Kontrolle im Wandel. Theorie und Praxis des Deutschen Bundestages. Baden-Baden: Nomos Verlag.

Siefken, Sven T. (2018b): Regierungsbildung „wider Willen". Der mühsame Weg zur Koalition nach der Bundestagswahl 2017. In: *Zeitschrift für Parlamentsfragen* 49 (2), S. 407–436.

Spiegel Online (2015): Grüne vs. Verkehrsministerium: 22 Seiten gepflegte Feindschaft. Online verfügbar unter http://www.spiegel.de/politik/deutschland/vw-skandal-wie-gruene-und-regierung-sich-einen-papierkrieg-lieferten-a-1069809.html, zuletzt aktualisiert am 29.12.2015, zuletzt geprüft am 05.04.2019.

Spiegel Online (2016a): Umgang mit Parlamentsanfragen: „Verfassungsrechtlich nicht zulässig". Online verfügbar unter http://www.spiegel.de/politik/deutschland/bundesregierung-professor-kritisiert-umgang-mit-kleinen-anfragen-a-1084182.html, zuletzt aktualisiert am 26.03.2016, zuletzt geprüft am 05.04.2019.

Spiegel Online (2016b): Kleine Anfragen aus dem Bundestag. Opposition nervt, Regierung bummelt. Online verfügbar unter https://www.spiegel.de/politik/deutschland/bundestag-jede-dritte-antwort-auf-kleine-anfrage-wird-rausgezoegert-a-1117967.html, zuletzt aktualisiert am 24.10.2016, zuletzt geprüft am 09.04.2019.

Stadler, Peter M. (1984): Die parlamentarische Kontrolle der Bundesregierung. Opladen (Beiträge zur sozialwissenschaftlichen Forschung, 63).

Steffani, Winfried (1989): Parlamentarische Kontrolle. In: Hans-Peter Schneider und Wolfgang Zeh (Hg.): Parlamentsrecht und Parlamentspraxis in der Bundesrepublik Deutschland. Berlin, New York: Walter de Gruyter, S. 1325–1420.

Sturm, Daniel Friedrich (2017): Bundestagswahl 2017: Der neue Bundestag ist der größte und teuerste aller Zeiten. In: *Welt Online*, 25.09.2017. Online verfügbar unter https://www.welt.de/politik/deutschland/article169002203/ Der-neue-Bundestag-ist-der-groesste-und-teuerste-aller-Zeiten.html, zuletzt geprüft am 03.09.2019.

Teuber, Christian (2007): Parlamentarische Informationsrechte. Eine Untersuchung an den Beispielen des Bundestages und des Landtages Nordrhein-Westfalen. Berlin: Duncker & Humblot (Beiträge zum Parlamentsrecht, 63).

Tsang, Pamela S.; Vidulich, Michael A. (2006): Mental Workload and Situation Awareness. In: Gavriel Salvendy (Hg.): Handbook of Human Factors and Ergonomics. 3. Aufl. New York: John Wiley & Sons, S. 243–268.

Vidulich, Michael A.; Tsang, Pamela S. (Hg.) (1987): Absolute magnitude estimation and relative judgement approaches to subjective workload assessment. Proceedings of the Human Factors Society Annual Meeting: SAGE Publications Sage CA: Los Angeles, CA (9).

Vogelgesang, Klaus (1988): Die Verpflichtung der Bundesregierung zur Antwort auf parlamentarische Anfragen. In: *Zeitschrift für Rechtspolitik*, S. 5–10.

Vonderbeck, Hans-Josef (1981): Parlamentarische Informations- und Redebefugnisse. Berlin: Duncker & Humblot (Beiträge zum Parlamentsrecht, 2).

Wickens, Christopher D. (1981): Processing Resources In Attention, Dual Task Performance, and Workload Assessment. Technical Report EPL-81-3/ONR-81-3. University of Illinois at Urbana-Champaign. Online verfügbar unter https://apps.dtic.mil/dtic/tr/fulltext/u2/a102719.pdf, zuletzt geprüft am 17.04.19.

Wickens, Christopher D. (2002): Multiple resources and performance prediction. In: *Theoretical issues in ergonomics science* 3 (2), S. 159–177.

Wissenschaftliche Dienste des Deutschen Bundestages (2006): Der Kernbereich exekutiver Eigenverantwortung. Ausarbeitung WD 3 -383/06. Hg. v. Deutscher Bundestag. Online verfügbar unter https://www.bundestag.de/resource/ blob/412760/1e98af44462dee55fd1ee3925501dbf4/wd-3-383-06-pdf-data. pdf, zuletzt geprüft am 21.10.2019.

Wissenschaftliche Dienste des Deutschen Bundestages (2009): Auswirkungen der Föderalismusreform I. Mitwirkungsrechte und Gesetzgebungskompetenzen. Ausarbeitung WD 3 – 3000 – 255/09.

Witte-Wegmann, Gertrud (1972): Recht und Kontrollfunktion der Großen, Kleinen und Mündlichen Anfragen im Deutschen Bundestag. Berlin: Duncker & Humblot (Schriften zum Öffentlichen Recht, 182).

Wolf, Thomas (2017): Informationsansprüche des Parlaments gegenüber der Regierung. Möglichkeiten und Grenzen parlamentarischer Kontroll- und

Informationsrechte unter Berücksichtigung der Staatspraxis im Freistaat Sachsen. Baden-Baden: Nomos Verlag (Dresdner Vorträge zum Staatsrecht, 10).

Yeh, Yei-Yu; Wickens, Christopher D. (1988): Dissociation of performance and subjective measures of workload. In: *Human factors* 30 (1), S. 111–120.

Zeh, Wolfgang (1978): Die Verfassungsorgantreue von Wolf-Rüdiger Schenke. Buchbesprechung. In: *Der Staat* 17 (4), S. 620–623.

10 Index

2-Wochen-Frist 110
(*Siehe auch* Bearbeitungsfrist)

A
Abzeichnungspflicht 31, 52
(*Siehe auch* Dienstweg)
AfD-Fraktion 50
Agenda-Kontrolle 31
(*Siehe auch*
Thematisierungsfunktion)
Anfragentiefe 85, 103
Anfragenumfang 54
Anfragezahlen 39
Anstrengung 68, 103
(*Siehe auch* Task Load Index)
Antwortpflicht der
Bundesregierung 23
Arbeitsbelastung 15, 61
Arbeitspensum 66, 105
Arbeitszeit 66
Ausschliessliche Gesetzgebung 40
Außenwirkung 90, 105

B
Bearbeitungsdauer 54
Bearbeitungsfrist 66, 74
Bearbeitungshierarchie 63, 104
Bearbeitungszeit 28, 74
Bearbeitungszeit, reelle 67, 76
Beeinträchtigung der
Funktionsfähigkeit 59, 104
Begrenzung des
Abfragezeitraums 113
Belastung, subjektive 67
Belastungsindikator 55
Belastungsquotienten 55
(*Siehe auch* Belastungsindikator)

Belastungsursachen 82
Bestimmtheit 114
Bundestagsverwaltung 112
Bundeszuständigkeit 25

C
Checks 21

D
Datenhandbuch des Deutschen
Bundestages 39
Demokratieprinzip 23
Dienstweg 29, 52
Digitaler Abfrageprozess 113
Dokumentations- und
Informationssystem für
Parlamentarische Vorgänge 39
Druckpotential, diffuses 36
(*Siehe auch* Potentialität)
Dualismus, neuer 22

E
Einheit des Kontrollprozesses 20
(*Siehe auch* Phasen der
parlamentarischen Kontrolle)
Erfassung der Arbeitsbelastung 109
Erhöhung der
Bearbeitungsdauer 74
Extremfälle 104, 105, 110

F
FDP-Fraktion 48
Federführung 74
Feedback-Stelle 114
(*Siehe auch* Schiedskommission)
Freies Mandat 23
Fristverlängerung 28, 53, 111

Frustration 68
  (*Siehe auch* Task Load Index)
Funktionsfähige Verwaltung 59

G
Gegenzeichnungsvorgänge 31
  (*Siehe auch* Abzeichnungspflicht)
Geistige Anstrengung 103
Gesamtbelastung 77
Geschäftsprozess Kleiner
  Anfragen 29
Grenzen des
  Informationsanspruchs 24
Große Anfrage 22, 27, 109
Grünen-Fraktion 44, 52

I
Individualisierung des
  Fragerechts 27, 39, 40
Informationsfunktion 31, 37
Informationsgewinnung 19
  (*Siehe auch* Phasen der
  parlamentarischen Kontrolle)
Informationsverarbeitung 19
  (*Siehe auch* Phasen der
  parlamentarischen
  Kontrolle)
Informationsverwertung 19
  (*Siehe auch* Phasen der
  parlamentarischen Kontrolle)
Informationsvorsprung 19
  (*Siehe auch* Parlamentarische
  Kontrolle)
Informelle Kontrolle 22
Informierende Fragen 31
Interpellationsrecht 21

J
Jenninger, Phillipp 15

K
Kernbereich exekutiven
  Eigenverantwortung 25
  (*Siehe auch* Grenzen des
  Informationsanspruchs)
Kerngeschäft der
  Verwaltungsarbeit 108
Kleine Anfrage 22, 27
Kleine Anfrage,
  interfraktionelle 48, 49
konkurrierende Gesetzgebung 40
Kontrollfunktion 37
Kontrollgruppe 103
Kontrollinstrumente, formale 19, 20
Kontrollstärke 36
Kontrollverständnis 91
Kontrollwirkung 33
Kooperationspflicht 24
Kosten-Nutzen-Abwägung 62

L
Leistungskontrolle 34
  (*Siehe auch* Sachkontrolle)
Linke-Fraktion 44

M
Management 20
Mann-Whitney-U-Test 68
Mediatisierung der
  Parlamentsarbeit 41
Mentale Anforderung 68
  (*Siehe auch* Task Load Index)
Minderheitenrechte 22, 23
Missbräuchliche Verwendung 95,
  96, 107
Missbrauchsverbot 25, 61
Mitsteuerung 20
Mündliche Anfrage 22
Mündliche Anfragen 27, 112

N

Nicht nur geringfügige
Beeinträchtigung 59, 104
(*Siehe auch* Beeinträchtigung der
Funktionsfähigkeit)

O

Obergrenze von
Unterfragen 109, 112
Öffentlichkeitsfunktion 31, 37
Opposition 46
Overall Workloade Scale 67
Oversight 21

P

Parlamentarische
Kontrolle 19, 20, 23
Parlamentsreform 15
Performanz 62, 63, 68
(*Siehe auch* Task Load Index)
Personalauslastung 70, 105
Personalmangel 105
Phasen der parlamentarischen
Kontrolle 19
Politische Funktion 31
Politische Stellungnahme 19
(*Siehe auch* Phasen der
parlamentarischen Kontrolle)
Potentialität 36
(*Siehe auch* Vorwirkung)
Praxisverständnis 66, 71
Publizistische Funktion 31

R

Reformbedarf 98
(*Siehe auch* Reformbedürftigkeit)
Reformbedürftigkeit 66, 72, 98
Reformvorschläge 99, 102

Regierungsfraktion 46
Reichstag der Weimarer
Republik 15
Repräsentationsfunktion 32, 37
Ressourcenallokation 62
Ressourcenmangel 104
Ressourcenquellen 62
Ressourcenteilung 62, 63
Richtungskontrolle 35

S

Sachkontrolle 35
Sachlichkeitsgebot 25
Salienz 74
Sanktionen 82, 104
Schiedskommission 114
Schriftliche Anfrage 22
Schriftliche Anfragen 27, 112
Schutzwürdigkeit Dritter 25
(*Siehe auch* Grenzen des
Informationsanspruchs)
Selbstkontrolle 108, 110
Sensibilisierungsfunktion 32
Staatswohlgefährdung 25
(*Siehe auch* Grenzen des
Informationsanspruchs)
Symbolische Wirkung 35

T

Task Load Index 68, 103
Tendenz zum Jammern 65
Thematisierungsfunktion 31, 37
TLX-Index 103
(*Siehe auch* Task Load Index)

U

Übermittlungsvorgang 67, 74, 76
(*Siehe auch* Dienstweg)

V
Verantwortungsbereich
  der Bundesregierung 24
  (*Siehe auch* Grenzen des
  Informationsanspruchs)
Verfassungsorgantreue 24, 59, 110
Verlängerung der
  Bearbeitungsfrist 110
Verzögerung von Fachaufgaben 88
Vorwirkung 35

W
Workload 61
  (*Siehe auch* Arbeitsbelastung)

Z
Zeitdruck 82, 103, 110
zeitliche Anforderung 68
  (*Siehe auch* Task Load Index)
Zeitmangel 105
Zitierrecht 23

www.ingramcontent.com/pod-product-compliance
Lightning Source LLC
Chambersburg PA
CBHW050616280326
41932CB00016B/3062